저자는 수많은 인터뷰를 진행하고 다양한 인물에 관한 글을 쓰면서 탁월한 저널리스트로 자리매김했다. 그가 이번에 하워드 헨드릭스 박사에 관한 글을 쓰기로 한 것은 대단한 뉴스다.

_맥스 루케이도Max Lucado
목사, 강연자, 베스트셀러 저자

배움의 가장 좋은 방법 중 하나는 다른 사람들, 특히 자신이 사랑하고 존경하는 사람들의 행동을 엿보는 것이다. 하워드 헨드릭스가 끼친 영향이 어떤 여파를 일으켰는지는 다 파악하기 힘들다. 그런데도 이 책은 그가 끼친 영향을 조사해서 발견한 놀라운 인생의 교훈들을 우리에게 전해준다. 멘토링의 기술에 관해 이토록 교훈적이고 실용적인 책을 써준 내 친구 마이나 음와우라에게 깊이 감사한다.

_마크 배터슨Mark Batterson
내셔널 커뮤니티 교회National Community Church의 담임목사,
『서클 메이커The Circle Maker, 규장 역간』의 저자

남편의 사진들이 내게 묻고 있는 것 같다. "뭘 하는 거요? 나에 관한 책은 일절 쓰지 말라는 말을 잊었소?" 내 대답은 이렇다. "이건 당신에 관한 책이 아니에요. 주님에 관한 책이에요. 당신이 주님을 인생의 운전석에 앉게 하셨다는 걸 잊으셨나요? 당신의 이름을 달고 나온 책이지만, 어디까지나 주님의 이야기에요." 저자는 마치 훈련된 사냥개처럼 코를 킁킁거리며 숨겨진 보물들을 찾아냈다. 이것은 우리가

댈러스 교향악단의 연주를 즐기는 방식과 비슷하다. 훌륭한 음악이 있고 뛰어난 연주자들이 있다. 하지만 작곡가가 없다면 그런 음악은 존재할 수 없다.

_진 헨드릭스 Jeanne Hendricks

이 세대의 그리스도인 리더들에게 하워드 헨드릭스 박사만큼 큰 영향을 미친 인물은 별로 없다. 나 자신의 삶도 그의 가르침에 막대한 영향을 받았다. 이 책이 그의 유산을 다음 세대에 전달해주리라 확신한다.

_개리 D. 채프먼 Gary D. Chapman
『5가지 사랑의 언어 The 5 Love Languages, 생명의말씀사 역간』의 저자

이 책은 사람들을 열렬히 사랑했던 하워드 헨드릭스 박사의 이야기를 세밀하게 그려놓았다. 이 책의 가장 중요한 특징은 다른 사람들의 눈으로 그를 본 것이다. 그들은 그가 자신들을 중요하게 여긴다는 느낌을 받았다. 이 놀라운 인물 이면의 전설을 더 자세히 알고 싶은가? 그렇다면 이 책을 읽으라.

_마크 M. 야브로 Mark M. Yarbrough
댈러스 신학교 Dallas Theological Seminary 총장

저명한 교수 하워드 헨드릭스의 삶과 영향력을 솜씨 좋게 파헤치고 그가 저자의 삶에 미친 영향을 성찰한 이 책은 전 세계 모든 기독교 도서관에 없어서는 안 될 참고도서다. 저자는 이 놀라운 전기에서 하워드가 '최종 목표를 알았다'고

말한다. 이는 그가 자기 인생의 목적을 알았다는 뜻이다. 그 목적은 바로 '하나님이 자신에게 주신 것들을 전달해' 다른 사람들에게 영향을 미치는 것이었다.

_버트 손턴Bert Thornton

와플 하우스Waffle House, Inc. 명예 부회장

내 친구 마이나 음와우라는 널리 사랑받는 멘토인 하워드 헨드릭스 박사님의 삶과 사역을 조명하는 어렵고도 위험한 일을 용감하게 맡아주었다. 이 일이 어려웠던 것은 신뢰성을 갖추기 위해 그의 장점만이 아니라 결점에 관해서도 이야기해야 하기 때문이다. 이 일이 위험했던 것은 이 균형을 적절히 맞추지 않으면 나 같은 교수님의 광팬들이 들고 일어설 것이기 때문이다. 하지만 걱정하지 말라. 마이나가 해냈다. 이 책은 하워드 헨드릭스 박사를 놀랍도록 관대하고, 지혜로우며, 충성스럽고, 사랑 많은 종으로 그리고 있으며, 박사는 실제로 그런 인물이었다. 그리고 그가 겪었던 어려움을 조명한 내용도 오히려 그의 업적을 더욱 돋보이게 할 뿐이다. "스스로 잘 살고 다른 사람들을 잘 이끌어서 잘 마무리하는 법을 배워보자"라는 마이나 음와우라의 도전을 모두가 받아들이기를 권한다.

_E. 앤드류 맥퀴티E. Andrew Mcquitty

칼리오 컬렉티브Kaleo Collective의 CEO이자 어빙 바이블 교회Irving Bible Church의 은퇴 목사, 『골짜기에서 온 메모 Notes from the Valley: A Spiritual Travelogue Through Cancer』의 저자

라디오나 팟캐스트에서 설교를 들어본 적이 있는가? 신학교를 졸업했는가? 목사에게 축복 기도를 받은 적이 있는가? 미국에서 가장 훌륭한 기업들과 비영리 기관들의 리더들에게 도움을 받은 적이 있는가? 그렇다면 당신은 하워드 헨드릭스의 삶에 영향을 받은 것이다. 지난 반세기 동안 헤아릴 수 없이 큰 영향을 미친 인물인 하워드의 제자들은 지금 미국의 주요 기관들을 이끌고 있다. 마이나 음와우라가 쓴 이 탁월한 전기를 통해 처음으로 우리는 하워드 헨드릭스의 삶과 그가 미친 영향에 관해 읽을 수 있게 되었다. 이 매혹적인 책은 헨드릭스의 인생 이야기를 흥미진진하고도 설득력 있게 풀어낸다. 이 책을 읽고 나면 20세기에 가장 영향력 있는 리더 중 한 명에 관해 더 많은 정보를 얻을 뿐 아니라 하나님께 더 충성하고 싶다는 열정을 얻게 될 것이다.

_대니얼 달링 Daniel Darling

사우스웨스턴 침례교 신학교 Southwestern Baptist Theological Seminary의 문화 참여 센터 The Land Center for Cultural Engagement 소장이자 『말씀과 함께하는 길 A Way with Words』, 『성탄절의 인물들 The Characters of Christmas, 토브북스 역간』, 『은혜의 통로 Agents of Grace』를 비롯해 여러 권의 책을 쓴 베스트셀러 저자

"멀리서는 사람들에게 영향을 미칠 수 없다. 가까이서만 영향을 미칠 수 있다." 이것은 60년간 댈러스 신학교에서 흥미진진한 강의를 하면서 수많은 학생의 삶을 변화시킨 전설적인 리더 하워드 헨드릭스에 관해 이 책이 소개하는 여러

명언 중 하나다. 마이나 음와우라는 하워드가 자신을 원하지 않았던 부모님으로 인한 충격과 평생 괴롭힌 우울증을 딛고 시대를 초월하여 진정한 본보기가 된 과정을 나눈다.

_조나단 알터Jonathan Alter

『지미 카터 전기His Very Best: Jimmy Carter, a Life』의 저자

마이나 음와우라가 하워드 헨드릭스의 삶과 사역을 배경으로 삼아 환상적인 리더십 도구를 책으로 만들어냈다. 어떤 상황에서도 통하는 리더십 원칙들로 가득한 이 책은 자신의 리더십을 성장시키고 싶은 모든 사람의 필독서다.

_커트 존스톤Kurt Johnston

새들백 교회Saddleback Church 차세대 목회 담당 목사

하워드 헨드릭스 교수님은 '내 마음에 영적 갈망을 유발하는 가루를 뿌렸다.' 그의 삶과 가르침에서 배울수록 갈망은 더 커져만 간다. 나의 아버지를 제외하면 교수님은 내 삶에 가장 큰 영향을 미친 멘토. 이 책은 이 시대를 이끌고 있는 리더들의 삶에 미친 교수님의 영향을 솜씨 좋게 풀어낸다. 이 책을 읽으라. 하워드 헨드릭스와 그의 메시지에 관해 깊이 생각하라. 그러면 당신의 삶도 하워드 헨드릭스에게 깊은 영향을 받게 될 것이다.

_데니스 레이니Dennis Rainey

패밀리 라이프FamilyLife 공동 창립자

댈러스 신학교에서 하워드 헨드릭스 교수님의 수업에 앉아 있던 기억을 떠올릴 때면 기분이 좋아진다. 그의 교수법은 탁월했다. 그의 수업을 듣고 나면 언제나 성경과 사랑에 빠졌다. 이 책은 그를 위대하게 만들어준 귀중한 원칙들을 완벽하게 짚어낸다. 마이나 음와우라는 우리 모두를 하워드 교수의 수업으로 순간 이동시켜 함께 가르침을 받고 성장할 수 있게 해준다.

_브라이언 카터Bryan Carter

콩코드 교회Concord Church 담임목사

하워드 헨드릭스 박사의 삶과 사역과 그가 전한 메시지는 학문적 지식과 교회의 리더십 사이의 간극을 메워주시는 하나님의 역사를 잘 보여주는 귀한 통로다.

_케네스 C. 울머Kenneth C. Ulmer

바이올라 대학교Biola University 총장의 수석 고문

멘토링은 야구장 안팎에서 내가 커리어를 쌓는 내내 큰 도움을 주었다. 인생에서 홈런을 치고 싶다면 멘토를 찾으라. 마이나 음와우라는 실제적이고도 성경적인 원칙들을 근거로 멘토를 갖는 것의 중요성과 가치를 보여준다.

_데릴 스트로베리Darryl Strawberry

전 미국 프로야구 선수

우리 삶의 이야기는 모두 다 중요하다. 불우한 어린 시절에

서 시작해 저명한 리더들을 길러낸 수십 년의 세월까지 하워드 헨드릭스의 이야기 전체를 엮은 이 책은 그의 인간적인 면모도 보여줌으로써 누구나 자신의 삶을 잘 살아내고 다른 사람들을 잘 이끌 수 있다는 희망을 준다. 진정한 저널리스트로서 마이나 음와우라는 하나님이 주신 잠재력을 온전히 사용하기로 결심한 한 남자에게 깊은 영향을 받은 십여 명의 사람을 솜씨 좋게 인터뷰했다. 이 책을 읽고 나면 자신의 잠재력을 온전히 사용하고 다른 사람들, 특히 어려운 사람들에게 자기 자신을 온전히 내어주고 싶은 마음이 불일 듯 일어날 것이다.

_에이프릴 L. 디아즈April L. Diaz

Ezer + Co.의 창립자이자 CEO

평생 댈러스 카우보이스의 팬인 나로서는 이 책을 사랑할 이기적인 이유가 많다. 하지만 내가 이 책을 사랑하는 진짜 이유는 영적 유산과 영향력에 관한 책이라는 점 때문이다. 마이나 음와우라는 한 남자의 영향력을, 그에게 깊은 영향을 받은 이들의 눈과 귀를 통해 아름답게 그려냈다. 이 책에서 하워드 헨드릭스에게 영향을 받고 사역, 사업, 교육, 스포츠 세계에서 큰 성공을 거둔 사람들의 이름을 보게 될 것이다. 힘과 영감을 주는 이 책을 강력히 추천한다.

_알 로버트슨Al Robertson

〈덕 다이너스티Duck Dynasty, 미국의 리얼리티 TV 쇼〉의 스타, 팟캐스트 〈언어쉐임드Unashamed〉의 공동 진행자

영향력 있는 멘토

1쇄 발행   2024년 1월 12일

지은이   마이나 음와우라
옮긴이   정성묵
펴낸이   고종율
펴낸곳   주)도서출판 디모데〈파이디온선교회 출판 사역 기관〉
등록   2005년 6월 16일 제 319-2005-24호
주소   서울특별시 서초구 서초대로 141-25(방배동, 세일빌딩)
전화   마케팅실 070) 4018-4141
팩스   마케팅실 02) 6919-2381
홈페이지   www.timothybook.com

ISBN   978-89-388-1702-0 (03230)
ⓒ 2024 도서출판 디모데 All rights reserved. 〈Printed in Korea〉

영향력 있는 멘토

마이나 음와우라 지음 · 정성묵 옮김

우리 시대의 스승,
하워드 헨드릭스를 만나다

영향력 있는 멘토

차
례

서문

　　하워드 헨드릭스 박사를 처음 만난 순간을 평생 잊지 못하리라. 댈러스 신학교의 성경 연구 방법 수업에서 나는 그를 처음으로 만났다. 그가 성경 본문의 의미와 실질적인 적용을 체계적으로 풀어내는 모습에 나를 비롯해서 강의실에 모인 모든 학생은 그야말로 넋을 잃었다. 그는 특유의 표현력과 에너지 넘치는 강의법으로 성경의 말씀들이 책장 위로 튀어나오게 했다. 그 순간, 하나님의 말씀이 살아 있다는 성경의 진술이 피부에 와 닿았다. 그 수업과 그의 강의 방식은 내게 하나님의 진리를 깊이 파고들고 싶은 열정을 불러일으켰다. 그 열정은 청중에게 하나님의 말씀을 잘 전하여 그들의 마음에서 그 말씀이 살아 숨 쉬게 만들고 싶다는 나의 열정으로 발전했다. 하워드 헨드릭스는 성경 공부가 지루할 필요가 없다는 사실을 내게 똑똑히 보여주었다.

나중에는 학생들에게 '교수Prof'라는 애칭으로 통했던 하워드 박사님과 강의실 밖에서 개인적인 관계를 맺을 기회가 생겼다. 나는 틈만 나면 교수실로 찾아가 그의 발치에서 질문을 던지고 조언을 얻고 지혜를 구했다. 그는 내 삶과 사역의 여러 영역에서 늘 나를 격려하고 도전해주었으며, 필요한 경우 잘못된 점을 바로잡아 주었다.

내게 큰 영향을 미친 교수님의 또 다른 중요한 수업은 '크리스천 가정 수업'이었다. 그 가르침 덕분에 나는 가정에 대한 건강한 패러다임을 세울 수 있었고, 다른 가정들이 결혼과 가정에 관한 하나님의 설계를 성경 중심으로 이해하도록 돕는 중요한 사역의 틀을 마련할 수 있었다.

강의실이나 교수실, 혹은 집에서 학생들과 함께할 때, 아니 언제 어디서든 교수님은 항상 멘토링을 했다. 그는 학생들에게 영적으로 영향력을 끼칠 기회를 놓치거나 무심히 흘려보내지 않았다. 그는 부름받은 삶 전체에 그리스도, 아내와 가족, 학생들을 향한 사랑을 담아냈다. 그는 내가 대표를 맡고 있는 전국적인 사역인 '어반 얼터너티브The Urban Alternative'의 콘퍼런스에서 리더십에 관해 강연하며 하나님의 말씀은 어떤 문화에서도 통한다는 점을 분명히 보여주었다. 이를 계기로 주로 흑인으로 이루어진 우리 청중은 하나님의 영광을 위해 다른 사람들을 잘 이끄는 소명과 그리스도를 선포하고 그분의 백성을 제자로 삼는 소명에 더 깊이 헌신하기로 굳게 결심할 수 있었다.

심지어 교수님은 투병 기간에도 사람들을 멘토링했다. 고통 속에서 멘토링을 한다는 것은 절대 쉬운 일이 아니지만, 교수님은 심지어 고난도 하나님의 임재와 신실하심을 더 분명히 경험할 수 있는 기회라는 점을 보여주었다.

나를 비롯해 수많은 사람이 하워드 헨드릭스 박사님의 설교, 가르침, 본보기, 리더십에 큰 영향을 받았고, 앞으로도 그 영향력은 사라지지 않을 것이다. 그에게 멘토링을 받은 수많은 사람 중 한 명으로서 나는 그가 나와 내 가족, 사역에 미친 영향에 말할 수 없이 감사드린다. 그는 세상을 떠난 나의 아내 로이스Lois와 이미 영광스럽게 재회했다. 주님 앞에 서서 그와 얼굴을 맞대고 감사드릴 날이 몹시 기다려진다.

_**토니 에반스 박사**Dr. Tony Evans
어반 얼터너티브Urban Alternative 대표이자 오크 클리프 바이블 펠로우십 교회Oak Cliff Bible Fellowship 담임 목사

"우리는 자신의 지식은 가르치지만,
 자신의 됨됨이는 증식시킨다."[1]
_하워드 헨드릭스

1장.

연결

하워드 헨드릭스는 당대 복음주의 기독교에서 가장 중요한 리더 중 한 명으로 꼽힌다. 이 책에서 우리는 그를 개인적으로 아는 사람들과 교수이자 많은 책을 써낸 저자이며 강연자이고, 여러 위원회에서 섬긴 그에게서 중요한 영향을 받고 삶과 사역을 감당해낸 사람들의 말을 들어볼 것이다. "나는 가르치기를 좋아한다. 아니, 가르치기 위해서 산다." 하워드 헨드릭스는 댈러스 신학교Dallas Theological Seminary에서 교수 생활을 마무리하면서 이렇게 말했다. "제게 정말 큰 힘이 되는 것은 여기서

---

1 하워드 헨드릭스의 이 말은 그의 제자 재닛 레너 로이드(Janet Renner Loyd)가 인용한 바 있다, "Thinking of Spiritual Fathers," A Branch in the Vine (blog), 2013년 6월 13일, https://www.abranchinthevine.com/blog/thinking-of-spiritual-fathers.

제가 맺은 열매가 다른 곳에서 가르침을 펼치고 있는 수많은 사람이라는 것입니다."[2]

나와 함께 그의 삶과 유산을 탐구하고, 그가 왜 영향력 있는 멘토로 불릴 자격이 있는지를 살펴보자.

그림이 드러나다

어릴 적에 점을 연결해서 하나의 그림을 완성하는 활동을 해본 적이 한 번쯤은 있을 것이다. 내가 이 책의 출간 프로젝트에 연결된 것은 하워드 헨드릭스의 전 동료인 진 게츠Gene Getz 박사가 내게 그에 관한 전기를 써보라고 제안하면서 시작되었다.[3] 그의 전기를 쓰는 것을 큰 영광이라고 생각하면서도 내 마음에는 한 가지 질문이 맴돌았다. "자신에 관한 전기를 원치 않는 사람에 관해서 어떻게 글을 쓸 수 있을까?" 하워드 헨드릭스의 삶은 사역에 대한 그의 열정을 물려받은 수많은 그리스도인 리더와 연결되어 있다. 그는 그들의 삶에 지대한 영향

---

2 "Dr. Howard Hendricks, A 'Prof' Like No Other," Dallas Theological Seminary, 2010년 11월 16일, https://www.dts.edu/howard-hendricks-tribute/.

3 진 게츠 박사와 나는 2021년 8월부터 하워드 헨드릭스에 관해서 많은 대화를 나누었다. 그는 이 출간 프로젝트의 기폭제 역할을 했다.

을 끼쳤다. 그래서 이 책의 실마리는 그들에게서 찾을 수 있었다. 그가 영향을 미친 수많은 사람 중 몇 명을 인터뷰하면서 일련의 점들이 나타났다. 그리고 이 점들을 연결하자 하워드 헨드릭스와 예수님을 닮은 그의 리더십에 관한 그림이 나타났다. 따라서 이 책은 하워드의 삶에 관한 전기가 아니라는 점을 강조하고 싶다. 대신, 이 책에서 나는 하워드 헨드릭스에게 받은 영향에 관해 많은 리더와 나눈 대화로 당신을 초대하고 싶다.

당신의 손에 놓인 이 책은 한 사람의 영향력이 빚어낸 결과물이다. 이 책에서 소개하는 사역 리더들 대부분은 이 프로젝트에 참여해달라는 요청을 흔쾌히 수락해주었다.

하지만 하워드 헨드릭스에게 이미 영향을 받은 사람의 숫자는 앞으로 그의 영향력으로 유익을 얻을 수 있는 사람 수에 비할 바가 못 된다.

하워드 헨드릭스는 사람들이 하나님의 말씀을 이해하여 그리스도의 주 되심과 리더십에 연결되도록 돕는 것이 자신의 역할이라고 믿었다. 그래서 그들이 다시 다른 사람들을 돕는 것이 그의 목표였다. 한 사람이 하나님이 주신 자신의 역동적인 성품을 사용하여 사람들을 제자 삼기로 결심한 결과, 많은 사람이 그의 발자취가 아닌 그리스도의 발자취를 따르게 되었다. 우리는 단순히 그를 하나님의 독특하고 영향력 높은 종으로 인정하는 차원에 머물러서는 안 된다. 우리는 그의 리더십에서 배워야 한다. 그는 우리의 삶에서 점들을 연결해 하나님의 계획을 알 수 있도록 도울 수 있는 강력한 원칙들을 남기고 떠났다. 당신의 영향력이 더 넓고 강하게 퍼져나가는 데 이 책이 일조할 수 있기를 바란다.

일부 그리스도인 리더들은 아주 짧은 기간만 밝게 타오른다. 잠시 하늘을 수놓다가 이내 빛을 잃고 떨어지는 유성처럼 그들은 결국 주변의 칠흑 같은 어둠과 구별할 수 없게 된다. 바울은 빌립보 교회에 보낸 편지에서 정반대의 그림을 그리며 신자들에게 악한 인류의 어두움과 달리 별처럼 오랫동안 빛날 것을 권면한다(빌 2:15 참조). 별들은 두각을 나타낸다. 그러나 하워드는 하나의 밝은 점이 되고자 했다. 그리스도를 절실히 필요로 하는 세상 속에서 그분의 영향력을 드러내는 거대한 그림 속의 밝은 점 하나. 그의 변치 않는 리더십을 본받고 싶은 그리스도인은 누구나 평생 사역을 추구해온 그의 삶에서 배울 수 있다.

'교수Prof'와 '미스터 댈러스'

모든 사람의 삶에는 이야기가 있다. 그런데 하워드 헨드릭스의 이야기는 나중에 많은 사람에게 '교수'로 불린 사람과는 다소 어울리지 않는 어린 시절에서 시작된다. 하워드 헨드릭스의 삶은 1924년 4월 5일에 시작되었다. 그는 아들을 맞을 준비가 되지 않은 부모에게서 태어났다. 그는 이렇게 말했다. "우리 부모님은 내가 태어나면서 헤어지셨다. 내가 가족을 갈라놓은 셈이다." 그는 미국 대공황 시대에 어린 시절의 대부분을 보냈다.

하워드 헨드릭스의 이야기 중 가슴 아픈 일 하나는 아버지와 수십 년간 소원하게 지낸 것이다. 아버지는 아들의 양육을 전혀 돕지 않았다. 오랜 세월이 흐른 뒤에야 두 사람의 관계가 다시 이어졌다. 하워드 헨드릭스는 아버지 없이 자란 여느 사람처럼 아버지의 부재로 인한 깊은 아픔을 느꼈다. 하지만 하나님이 그의 삶을 붙들고 있었다. 어린 시절 그의 삶에서 주된 역할을 한 사람은 할머니였다. 할머니는 그의 주된 보호자로서 그와 예수님 사이를 연결하는 가교 역할을 했다. 나중에 뜻밖에 일어난 일련의 연결을 통해 그는 '영 라이프Young Life'의 설립자이자 댈러스 신학교를 졸업한 짐 레이번Jim Rayburn에게 영향을 받았다. 이 외에도 많은 관계를 통해 하워드 헨드릭스는 하나님이 부르신 인물로 성장해갈 수 있었다.

하워드 헨드릭스는 '미스터 댈러스'라는 별명을 얻었다. 그것은 그가 댈러스 신학교 교수에서 미식축구팀 댈러스 카우보이스의 구단 목사에 이르기까지 댈러스 전역에서 광범위하게 활동하고 두터운 인맥을 쌓았기 때문이다. 모든 사람에게는 자신만의 이야기가 있다는 그의 굳은 믿음은 그의 인생 경험에서 비롯했을 것이다. 그는 사람들과 함께하는 것을 좋아했다. 진 헨드릭스Jeanne Hendricks는 이렇게 회상했다. "그의 아내로서 그를 따라가기 힘들 때가 있었습니다." 남편은 파티 석상에 들어서는 순간부터 그곳에 있는 모든 사람을 알기를 원했다고 진은 말했다. 사람을 향한 이 못 말리는 호기심은 그가 그토록 많은 사람에게 영향을 미치고, 그들이 다시 영향력 있는 인물이 된 이유를 설명해준다. 이 책 뒷부분에 실어놓은 그들 중 몇 명의 이야기를 보면서 이 점에 관해 더 살펴보도록 하자.

진 헨드릭스가 말하는 남편 하워드

진은 하워드 헨드릭스와의 결혼생활을 세 단어로 정리할 수 있다고 설명했다. 충성, 집중, 열매가 그것이다. 나아가 진은 남편과 함께 사는 것은 마치 추월 차선 위에서 사는 것 같았다고 덧붙였다.[4] 하워드 헨드릭스는 한

---

4 진 헨드릭스는 내게 많은 시간을 흔쾌히 내주었다. 우리는 2020년에서

번에 여러 가지 일을 하는 것을 즐겼다. 이것은 그가 가진 끝없는 창의적 에너지가 표출된 결과이며 그의 삶이 그토록 큰 영향력을 발휘할 수 있었던 이유 중 하나다. 그는 목사, 교수, 저자, 심지어 앞서 언급한 미국 미식축구 리그 소속 구단 목사 등 다양한 분야에서 사역했다.

충성

그가 생각하는 충성은 큰 난관에 부딪혀서도 주어진 임무를 끝까지 고수하는 것이었다. 그는 수많은 사람의 삶뿐 아니라 여러 사역에도 큰 영향을 미쳤다. 특히 그는 기독교 교육에 혁신적인 접근법을 도입했다. 그런데 혁신가들이 항상 처음부터 인정받는 것은 아니다. 하워드 헨드릭스가 그런 일을 겪었다. 진은 그가 댈러스 신학교에 교수로 부임했을 때 그를 반기지 않는 교수가 많았다고 했다. 일부 교수는 그가 마음에 들지 않는다고 대놓고 표현했다. 그가 기독교 교육 프로그램을 맡아 댈러스 신학교에 부임했을 때 교수 중 나이가 가장 어렸다. 게다가 당시 이 분야는 신학 과목만큼 중요하게 취급받지 못했다. 진은 냉대가 점점 심해지자 남편이 떠나고 싶다는 말을 몇 번이나 했다고 말했다. 그 시기에 하워드 헨드릭스

2022년 사이 하워드에 관해 많은 대화를 나누었다.

를 받아들인 교수는 극소수였다.

진은 특히 한 가지 사건을 똑똑히 기억하고 있었다. 학생들이 하워드를 좋아하고 그의 수업에 가장 높은 평점을 주자 학교 관계자가 교직원 수련회에서 그의 수업이 그토록 높이 평가받은 이유를 소개하자고 제안했다. 하지만 교수들의 반응은 시큰둥했다. 교수들은 그를 계속 냉대하고 무시했다. 하워드 헨드릭스는 깊은 실망감과 환멸에 빠졌다. 하지만 그런 상황에서도 그는 자신이 맡은 일에 충실히 임했고, 새로운 교육법을 계속해서 밀고 나갔다.

이 독특한 교육법의 잘 알려진 사례를 하나 소개하자면, 한번은 하워드가 강의를 하는 중이었다. 수업에 관심을 두지 않는 학생을 변화시키기로 마음먹은 그는 그 학생에게 다가가 강의 내내 그를 향해서만 말했다. 효과만 있다면 자신이 구경거리가 되는 것은 전혀 괘념치 않았다. 그는 교육을 위한 창의적인 에너지를 끝없이 분출해냈다. 아무 학생도 집중하지 않을 때 그의 에너지는 오히려 더 강해졌다. 학생들은 이런 교육법을 조금도 이상하게 여기지 않았다. 그가 최대한 많은 사람을 가르치려는 열정으로 불타오르는 사람임을 알았기 때문이다.

하워드 헨드릭스가 초기에 동료 교수들에게는 영향을 끼치지 못했을지 모르지만, 그가 학생들을 가르친

60년 동안 댈러스 신학교 자체가 변화되었다. 그는 한결같은 리더십으로 충성을 다했고, 믿음의 도약을 통해 많은 새로운 일에 도전했다. 그는 자신의 생을 다해 '착하고 충성된 종'이 되기를 원했다. 그의 삶에 영향을 받은 우리도 같은 바람을 품게 된다. '착하고 충성된 종'이라는 호칭은 우연히 얻을 수 있는 것이 아니다. 그 호칭을 얻으려면 하나님이 우리 각자에게 주신 사명에 오롯이 집중해야 한다. 하워드 헨드릭스는 어떤 부정적인 상황을 만나서도 멈추지 않았다. 아마도 그것은 하나님이 그분의 비전과 목적을 추구하라고 자신을 불렀다는 사실을 알았기 때문일 것이다.

집중

하워드 헨드릭스는 집중력이 뛰어난 사람이었다. 그리고 변함없이 그의 곁을 지켰던 아내에게도 집중력이 필요했다.

여기서 잠깐 멈춰서 진의 이야기를 해보자. 나는 진과 같은 강한 파트너가 곁에 없었다면 우리가 아는 하워드도 없었을 것이라고 믿는다. 자신도 강연가이자 저자였던 진에 관해서도 살펴볼 필요가 있다. 진은 아내 역할과 어머니 역할 사이에서 균형을 잘 유지했고, 남편이 사역에 집중할 수 있도록 뒷받침해주었다. 진 덕분에 하워드는 오늘날 우리가 사랑하는 인물이 되었다. 우리가 하워드에게 관심을 갖고 그에 관한 책을 읽을 수 있는 것은 진의 공이 매우 크다.

진은 "남편은 자신이 어디로 가고 있는지 알았다"는 점을 너무나 잘 알았다. 하워드가 다른 사람들에게 복음의 소망을 전하겠다는 열정으로 타올랐던 것은 자신의 미래를 확신했기 때문이다. "남편은 최대한 많은 사람에게 복음을 전하기를 갈망했습니다. 남편은 자신이 무엇을 하는 것이 하나님이 원하시는 것인지를 알았습니다. 그래서 누구도 남편을 멈출 수 없었습니다."

열매

물론, 하워드를 멈추려면 그를 따라잡아야 한다. 그의 삶에서 늘 복음의 확장이 이루어지다 보니 계속해서 새로운 열매가 맺혔다. 사랑받는 종신 교수였던 그는 수시로 안전한 캠퍼스를 떠나 다른 사역 세계에서 많은 모험을 했다. 그는 늘 새로운 길을 개척하는 인물이었다. 그것은 한편으로 하나님이 주신 기질 때문이기도 했고, 다른 한편으로는 누군가가 걸었던 길이든 아무도 걸어보지 않은 길이든 상관없이 여러 길을 통해 하나님나라를 세우려는 불같은 열정 때문이기도 했다.

하워드는 모험을 감행하는 선교적 정신과 태도 덕분

에 다양한 기회를 접했다. 너무 많은 활동을 하다 보니 과연 그의 심신이 버텼을까 하는 생각이 들 정도다. 실제로 그는 사역의 속도를 늦춰야 할 만큼 오랫동안 상태가 좋지 않을 때도 있었다. 그로 인해 그의 건강에 여러 가지 적신호가 켜졌다. 이는 이 위대한 리더도 당신과 나처럼 인간이었다는 사실을 보여준다. 우리에게 어떤 흠이 있더라도 우리의 삶을 드리면 하나님은 얼마든지 사용하셔서 많은 사람에게 영향을 끼치실 수 있다.

앞서 말했듯이 하워드는 댈러스 신학교 시절 초창기에 다른 교수들과의 관계에서 어려움을 겪었다. 대다수 사람이라면 그곳을 떠나 다른 길을 찾았을 것이다. 하지만 현재 댈러스 신학교에는 '하워드 G. 헨드릭스 크리스천 리더십 센터Howard G. Hendricks Center for Christian Leadership'가 세워져 있다. 이 건물은 그가 남긴 열매와 유산을 보여주는 증거 중 하나일 뿐이다. 80개국 이상을 아우른 그의 강연 사역, 녹음테이프, 이사회 활동, 『삶을 변화시키는 성경 연구Living by the Book, 디모데 역간』를 비롯해 수많은 책까지 그가 남긴 증거는 일일이 다 셀 수 없다. 하지만 이 책의 목적은 그가 본을 보인 리더십 원칙을 탐구하는 것이다. 우리는 각자의 삶에서 하나님의 소명을 추구하기 위해 이 원칙들에서 배울 수 있다.

단점

하워드의 삶을 살피다 보면 그를 완벽한 사람으로 여기게 될 수 있다. 그의 사역은 모든 조건이 잘 갖추어져 있고, 물 흐르듯이 순조로웠던 삶에서 흘러나온 것처럼 보인다. 그러나 그것은 내가 그리려는 그림이 전혀 아니다. 필시 하워드도 자신이 그렇게 비치는 것을 원치 않을 것이다. 우리가 존경하는 사람의 단점을 지워버리면 그의 발자취를 따르지 않을 구실만 제공할 뿐이다. 우리의 삶도 하워드처럼 아무런 문제점이 없어야만 그와 같은 영향을 미칠 수 있다고 오판할 수 있기 때문이다.

내가 이 책을 쓰기로 결심한 이유 중 하나는 하워드도 여느 평범한 사람들처럼 문제점을 안고 살았다는 것을 알았기 때문이다. 그가 씨름한 문제 중 하나는 우울증이었다. 진에 따르면 하워드 헨드릭스가 여러 행사와 대학생 선교회ccc의 강사로 수천 명의 학생에게 강연하려면 육체적, 정서적 대가를 치러야 했다. 하워드 헨드릭스는 젊은 교수인 자신이 그런 찬사를 받을 자격이 조금도 없다고 느꼈다.

하워드 헨드릭스의 또 다른 문제점은 자녀 양육이었다. 그는 멘토링의 모델로 널리 인정받았지만, 뜻밖에도 자신의 자녀들과 소통하는 것은 어려워했다. "우리 아이들은 그 아버지와는 너무도 다른 세상에서 살았습니다."
진은 그렇게 솔직히 인정한다. 하워드의 자녀들은 잘 자랐고 모두 다양한 방식으로 하나님을 섬기고 있다. 자녀 중 하나는 하워드 헨드릭스와 함께 여러 권의 책을 집필하기도 했다. 그런데도 진은 하워드가 여느 부모처럼 자녀 양육의 일을 버거워했다고 고백한다. "남편은 어릴 적에 자신의 삶에 적극적으로 관여해준 아버지가 없었어요. 그래서 남편에게 양육은 몹시 어려운 일이었습니다." 하워드의 일 중독 성향은 이 상황을 더 악화시켰을 것이다. 진도 남편의 이런 성향을 알았고 그것이 양육에 미치는 영향을 보았다.

소명

하나님은 작은 발걸음을 통해 우리를 인도하신다. 하나님은 반항적이거나 엉뚱한 데 정신을 파는 자녀인 우리를 한 걸음씩 인도하셔서 천천히 소명 앞에 이르게 하신다. 그리고 그 과정에서 그분을 점점 더 의지하게 만드신다. 돌이켜보면 내가 내디딘 그런 작은 발걸음 중 하나는 우리 동네 한 서점 주차장에서 일어났다. 그 서점은 동네에서 끝까지 살아남은 몇 안 되는 서점 중 하나다.

나는 그곳에 갈 때마다 집에 온 것처럼 편안함을 느낀다. 나의 이 단골 서점은 뭔가 안정되고 익숙한 분위기를 풍긴다. 내가 그곳에 갈 때마다 거의 같은 주차 자리를 이용하는 것도 그런 분위기를 더해준다. 그런데 한번은 차로 걸어가다가 바닥에서 낯선 뭔가를 발견했다. 그것은 책이었다. 바로 하워드 헨드릭스의 『꾸며대지 말고…사랑으로 말하라Don't Fake It…Say It with Love』였다.

당시에는 별 생각이 없었다. 그냥 그 책을 차에 툭 던져 넣었다. 그 책을 잃어버린 사람에게는 이 자리를 빌려 사과한다. 수십 년 후 저자이자 교수인 진 게츠가 나와 전화 통화를 하다가 하워드에 관한 책을 쓰라고 권할 줄 당시에는 전혀 몰랐다. 우리 하나님이 작은 발걸음을 통해 역사하시는 과정이 실로 놀랍다. 아무쪼록 우리가 함께하는 이 여행 중에 당신도 소명으로 가는 작은 발걸음을 발견하거나 현재 내딛고 있는 작은 발걸음이 소명으로 이어질 것을 확신하게 되기를 바란다.

참고로 나는 『꾸며대지 말고…사랑으로 말하라』를 몇 번이나 읽었다. 이 책은 1972년에 쓰였지만, 그 안에 담긴 복음 전도에 관한 내용은 당시만큼이나 오늘날 독자에게도 꼭 필요하다는 것을 알려주고 싶다.

분명한 인도하심

하워드 헨드릭스는 자신의 소명을 오랜 시간에 걸쳐서 발견했다. 하나님이 제공해주신 일련의 단계를 통해 소명이 서서히 모습을 드러냈다. 그의 소명 의식은 매우 강했다. 그래서 진 게츠에 따르면 그는 하나님이 부르셨다는 확신이 서기 전까지는 어떤 일에도 참여하지 않으려고 했다. 그는 여러 사역과 여러 이사회에 참여해달라는 요청을 자주 받았는데, 나는 진 게츠에게 그가 누구와 연결될지를 어떻게 결정했는지 물어보았다. 답은 간단했다. 답은 성령의 부르심과 눈 접촉이었다. 이렇게 매번 기준이 높다 보니 하워드는 뭐든 한번 추구하면 모든 열정을 다 쏟아부었다. 이런 면모를 보면 수많은 사람이 그에게 끌린 것도 무리는 아니다. 그의 에너지는 전염성이 강했다.

지칠 줄 모르는 전도

사도행전 26장 24절에서 바울은 베스도의 말을 이렇게 인용한다. "네가 미쳤도다 네 많은 학문이 너를 미치게 한다." 바울은 불신자에게 이런 반박을 들었다. 하워드도 마찬가지였다. 존경받는 그리스도인들도 그의 지칠 줄 모르는 복음 전도에 우려를 표시했다. 하워드의 삶은 균형이 잡히지 않은 면이 분명히 있었다. 복음 전도를 너무 강조하다 보니 다른 필요들이 다소 소홀히 여겨졌다. 하지만 소명이란 본래 그럴 수밖에 없다. 소명은 온 신경과 노력을 집중할 것을 요구한다. 하워드는 자신의 역할을 이해했다. 그는 하나님을 사랑했고, 자신의 학생들을 비롯해 주변 모든 사람이 그 사실을 알기를 원했다.

진은 하나님이 남편에게 주신 소명을 이해하지 못할 때도 있었다고 인정하면서도 남편이 하나님의 일을 하고 있다고 믿었고, 그 일을 돕는 것이 자신의 소명 중 일부라는 점을 알았다. "남편이 살아 있을 때 나는 남편의 본보기를 통해 배웠습니다." 진은 그렇게 말하고서 '모든 사람을 사랑하는 것'을 그들 부부의 사명으로 삼았다고 덧붙였다. 온 세상을 사랑하신 하나님은 하워드와 진의 마음속에 그 소명을 불어넣으셨다.

다른 사람들에게 영향을 끼치는 사람들에게 영향을 끼치다

앞서 말했듯이 진 헨드릭스는 내가 하워드의 삶과 사역에서 리더십의 원칙을 찾아내는 것이 얼마나 중요하고 시급한지 깨닫게 해준 핵심 인물이다. 전혀 어울릴 것 같지 않은 진과 내가 만날 수 있었던 것은 하워드와 진 게츠 덕분이었다. 단지 진 게츠가 꼭 만나보라고 했다는 이유만으로 연락을 취하려니 좀 어색했다. 하지만 진이 따뜻한 태도로 대화에 임해주는 것을 보고 하워드의 영향력에 관해 나눌 적기가 되었다고 확신했다.

하워드가 목회한 교회는 단 한 곳이었고, 기간 자체도 짧았다는 것은 꽤 뜻밖의 사실이다. 하지만 그리스도의 몸 전체를 돕기 위한 그의 소명은 다년간의 목회 경험을 필요로 하지 않았다. 그는 교회를 소중히 여겼고, 교회를 섬기는 것을 자기 사명의 큰 부분으로 인식했다. 진에 따르면 그가 계속해서 목회하지 않은 것은 수많은 학생이 교회를 잘 이끌도록 훈련시키는 것이 자신의 장기적인 소명이라고 느꼈기 때문이다.

하워드는 배경이 다른 사람들을 하나로 묶는 재주가 있었다. 우리가 이 책에서 만날 사람들은 서로 매우 다른 사람들이다. 물론 영향력 있는 사람들에게 영향을 미친 사람은 하워드가 처음이 아니지만, 그의 삶이 놀라운 이유 중 하나는 그가 그리스도의 몸 안에서 영향을 미친 사람들의 다양성 때문이다. 우리가 만나볼 사람들은 피부색, 성性, 정치적 성향, 사역 분야까지 천차만별이지만, 그 모든 차이는 어디까지나 교회의 연합이라는 바탕 위에서 나오는 다양성이며, 하워드에게 그들 한 사람 한 사람은 더 많은 사람에게 영향을 끼치기 위한 기회였다. 그렇게 하워드는 직접 만난 사람들에게 영향을 미쳤을 뿐 아니라, 그들을 통해 다른 수많은 사람에게 영향을 미쳤다.

이 책에서 우리가 얻어야 할 것

나는 하워드가 영향을 미치고 멘토링한 사람들에게
서 어떤 리더십 원칙들을 배울 수 있는지에 계속해서 초
점을 맞추려고 노력했다.

이 책에서 우리는 하워드와 그의 삶에 관해 배울 것
이다. 하지만 다시 말하지만, 이 책은 그의 전기가 아니
다. 이 책은 하워드의 삶이 수많은 사람에게 어떤 영향
을 미쳤는지 그리고 우리가 그의 본보기에서 무엇을 얻
을 것인지 고민하는 여행이 되어야 한다.

이 책에서 우리는 원칙들에 관해 고민하고 그에 비추
어 자신의 삶을 돌아볼 기회를 얻게 될 것이다. 사역자
나 비즈니스 리더 혹은 전혀 다른 길을 걷는 사람까지 모
두가 그렇게 할 수 있다. 이 책에서는 편의를 위해 '리더'
라는 단어를 자주 사용할 것이다. 하지만 이것이 제한하
는 요소가 되어서는 곤란하다. 우리는 모두 어떤 면에서
영향을 미치는 사람이요 리더다.

하워드는 삶의 모든 측면에서 행동가였다. 그는 자신
의 변화를 위해 끊임없이 노력했다. 댈러스 신학교 식구
들에게 남긴 고별사에서 그는 다른 사람들을 잘 이끌었
을 뿐 아니라 잘 마무리할 수 있었던 특성들이 자신에게
있었다고 말했다. 우리 자신의 삶을 잘 살고, 다른 사람

들을 잘 이끌며, 잘 마무리할 수 있는 법을 그에게 배워
보자.

영적 성숙의 증거는
얼마나 많이 이해하느냐가 아니라
얼마나 많이 활용하느냐에 있다.
영적 영역에서 무지의 반대는
지식이 아니라 순종이다.[1]
_하워드 헨드릭스

2장.

모든 사람

'모든 사람'은 강력한 의미를 지닌 강력한 단어다. 이 단어를 생각하면 요한복음 3장 16절이 떠오른다. "하나님이 세상을 이처럼 사랑하사 독생자를 주셨으니 이는 그를 믿는 자마다[=모든 사람] 멸망하지 않고 영생을 얻게 하려 하심이라." 이 구절은 하나님나라가 예수님을 믿는 모든 사람을 위한 것이라고 선포한다. 이 구절은 영생이 특정한 인종이나 문화, 성#을 가진 사람만을 위한 것이라고 말하지 않는다. 이 구절은 하나님의 아들을 믿는 사람은 누구나(모든 사람) 영생을 얻는다고 말한다.

나는 이 책을 위해 인터뷰하면서 하워드가 배경을 가

---

1 Howard G. Hendricks and William D. Hendricks, *Living by the Book: The Art and Science of Reading the Bible* (Chicago: Moody, 2004), 24. (『삶을 변화시키는 성경 연구』 도서출판 디모데)

리지 않고 모든 사람을 소중히 여겼다는 사실을 발견했다. 그는 여러 인종과 배경을 가진 사람들을 옹호할 기회가 있을 때마다 사랑을 실천했다. 이번 장에서는 그가 자신의 울타리를 넘어 모든 사람을 사랑하고 포용한다는 리더십 원칙을 어떻게 실천했는지 살펴보자. 또한 하나님이 다른 사람들을 사랑하고 천국을 보여주는 일로 우리를 부르셨다는 사실을 되새기는 시간을 가져보자.

서른 살의 젊은 목사 시절 나는 린 잭슨Leann Jackson과 동역한 적이 있다. 그는 내게 아내를 소개해준 사람이다. 린은 교회의 교육 책임자였다. 린을 만난 사람들은 그 즉시 하나님을 향한 그녀의 열정을 느낄 수 있었다. 내가 그녀를 처음 만난 것은 20년도 더 전의 일이지만, 그녀에 관한 특별한 뭔가가 지금도 깊은 인상으로 남아 있다. 그것은 그녀의 서재에 하워드 헨드릭스의 모든 책이 꽂혀 있었다는 것이다.

린은 흑인 여성이다. 어떻게 해서 하워드 헨드릭스를 존경하게 되었냐고 물어보니 그녀는 숨도 쉬지 않고 대답했다. "그는 학생들에게 성경을 가르치는 일에 제 신앙을 어떻게 적용할지를 알려주었습니다. 그는 인종과 피부색을 조금도 고려하지 않았습니다. 모든 사람을 받아들였죠.[2]" 그녀가 하워드를 깊이 존경하게 된 이유 중 하나는 하워드가 모든 사람을 소중히 여겼기 때문이다. 이 책을 쓰기 위해 조사하고 리더들을 인터뷰하는 내내, 지구상의 모든 사람이 가치 있는 존재라는 사실을 의심하는 사람은 단 한 명도 없었다. 하워드는 모든 사람을 존엄성 있게 대해야 한다는 사실을 알리기 위해 많은 문화적 장벽을 뛰어넘었다.

하워드의 '모든 사람' 원칙

선택하라

내가 가장 좋아하는 저자 중 한 명인 필립 얀시Philip Yancey는 은혜에 관한 탁월한 설명을 통해 그리스도의 몸 된 교회에 크게 기여했다. 인터뷰 당시 나는 필립이 인종과 문화에 얽힌 자기 가문의 배경을 설명하는 동안 귀를 쫑긋하고 들었다. 남부에서 자란 그는 당시 인종적 갈등과 충돌 상황을 똑똑히 기억했다. 심지어 그의 삼촌 중 한 명은 1968년에 제정된 민권법°에 반대하여 호주로

---

2 린 잭슨, 2022년 7월 1일, 저자와 전화로 나눈 대화.
ㅇ Civil Rights Act: 시민의 권리에 관한 법률. 인종, 민족, 피부색, 종교, 출신국에 따른 차별을 철폐할 목적으로 제정된 미국의 연방법.–편집자주

이민을 가기도 했다. 그는 자신의 최신작 『빛이 드리운 자리』에 관해서 말하던 중 특별한 사건 하나를 이야기했다.[3] 그가 특정 교단에 속하지 않은 한 보수주의 교회에 다닐 당시 교회 집사들과 예배 안내 위원들이 흑인들에게 카드를 나눠주며 다른 교회에 가라고 요청하는 모습을 보았다. 얼마 뒤 "그들은 조금 누그러져서 카버 신학교Carver Bible College의 일부 학생은 받아들였다."[4]

그 교회의 설교와 가르침이 너무 좋아서 그 교회에 다니고 싶어 했던 한 학생이 있었다. 하지만 교회는 그를 받아들이지 않았다. 그의 이름은 토니 에반스°다.[5] 필립 얀시는 토니 에반스가 그것이 한동안 신앙을 떠난 이유 중 하나였다고 설명하며 고통스러운 표정을 짓던 순간을 생생하게 기억한다. 특정 인종의 사람들이 다른 특정 인종과 문화를 가진 교회에 등록하거나 참석하는 것이 환영받지 못했던 시대가 있었다는 사실을 믿기 어려운 독

3 Philip Yancey, Where the Light Fell (New York: Convergent Books, 2021). (『빛이 드리운 자리』 비아토르)

4 Maina Mwaura, "One of America's Favorite Christian Authors Finally Tells His Own Story," *Baptist News Global*, November 15, 2021, https://baptistnews.com/article/one-of-americas-favorite-christian-authors-finally-tells-his-own-story/.

○ 댈러스 신학교에서 신학 박사 학위를 받은 최초의 아프라카계 미국인. 오크 클리프 성경교회의 설립자이자 담임목사.-편집자주

5 4번과 출처가 같음.

자도 있을 것이다. 토니 에반스의 이야기는 교회가 당연히 모든 사람을 받아들일 것이라고 생각하는 수많은 사람에게 충격을 주었을 것이다. 그래서 미국이라는 나라의 역사적 배경을 제대로 아는 것이 매우 중요하다.

미국은 역사적으로 많은 면에서 큰 발전을 이룬 나라이지만, 인종 문제와 관련해서는 고통스럽고 억압적인 과거를 지니고 있다. 나는 최근 앨라배마 버밍햄 16번가 침례교회16th Street Baptist Church 폭탄 테러 사건의 50주년 기념 행사를 취재하면서 이러한 과거를 떠올렸다. 존 크로스John Cross는 그 끔찍한 날 그 교회의 담임 목사였으며, 그의 딸 바바라는 나의 친구다. 바바라와 나 그리고 또 다른 친구인 리처드는 기념 행사에 참석하려고 그 교회까지 2시간 동안 차를 타고 갔다. 차 안에서 바바라가 내가 책에서만 읽었던 시대와 역사를 회상하며 들려주었던 이야기를 평생 잊지 못할 것이다. 우리의 목적지가 가까워질수록 바바라에게는 50년의 세월도 그날의 고통을 잊기에 충분하지 않았다는 사실을 분명히 느낄 수 있었다. 행사에 참석한 모든 사람과 함께 예배를 드리며 사회적 인식이 많이 바뀐 것에 깊이 감사하면서도 어떻게 단순히 피부색이 다르다는 이유로 폭탄을 설치하여 네 명의 어린 소녀를 죽이고 스무 명 이상에게 상처를 입힐 수 있었을까 하는 생각을 했다. 그 사건 뒤로 이 나라가 많이 바뀐 것은 감사하지만, 여기까지 이르는 데는 많은 고통이 따랐다. 천국에서는 모든 나라와 종족과 언어에 속했던 사람들이 하나가 되어 모든 사람을 지극히 사랑하시는 하나님을 예배하게 될 것이다.

토니 에반스의 이야기로 돌아가서, 16번가 침례교회에서 폭탄 테러가 일어났던 시대에서 그리 멀지 않은 시대에 그는 댈러스 신학교에 입학하기 위해 노력하고 있었다. 진 헨드릭스는 토니가 그 학교에 입학하기를 원했지만, 과정이 순탄치 못한 것에 남편이 답답해하던 모습을 생생하게 기억하고 있다. 당시 댈러스 신학교는 지금보다 훨씬 작았고, 하워드는 입학 심사 위원회에 있었다.

진은 이렇게 말했다. "똑똑히 기억납니다. 댈러스 신학교의 일부 교수가 남편을 받아들이지 않던 때였어요. 하지만 남편은 학교가 토니의 입학을 허락하는 것이 옳다고 생각했습니다. 댈러스에서는 인종 차별이 대체로 없어진 때였지만, 신학교들은 인종 차별의 벽을 깨는 일에서 지지부진했습니다. 많은 회의가 열렸습니다. 남편이 '이 학생을 받아들여야 합니다. 이 학생을 입학시켜야 합니다'라고 말했던 기억이 나요." 진은 하워드가 반대에 부딪혔지만, 확신을 갖고 설득한 끝에 마침내 토니의 입학이 허락되었다고 말했다.

토니 에반스는 이렇게 말했다.[6] "하워드 헨드릭스 교수님과의 관계에는 두 가지 측면이 있었습니다. 하나는 학생으로 만난 학업적인 관계였습니다. 교수님은 하나님의 말씀이 우리 삶에서 유의미할 뿐 아니라 그 안에 담긴 영적인 진리를 설득력 있고도 강력한 동시에 재미있게 전할 수 있다는 사실을 보여주었어요. 그것은 그분만의 독특한 특성이었습니다. 그분에게 배운 모든 학생이 그것을 인정할 것입니다. 물론 그분은 기독교 가정에 관한 수업도 그런 식으로 진행하셨어요. 가정이 무엇이며 왜 중요하고 어떻게 기능해야 하는지를 제대로 아는 것은 그야말로 인생이 바뀌는 경험이었습니다. 성경 연구 방법과 해석학에 관한 그분의 수업도 제게 또 다른 변화의 경험이었습니다. 이렇게 학업적인 측면이 있었습니다.

다른 한 측면은 개인적인 관계였습니다. 저는 그분의 집에서도 또한 교수실에서도 함께 시간을 보냈습니다. 그분은 자신이 맡고 있던 댈러스 카우보이스 구단의 후임 목사로 저를 추천했습니다. 그분은 사임하면서 저를 댈러스 카우보이스에 연결해주었습니다. 개인적으로나 직업적으로나 헨드릭스 교수님과 진 여사는 저의 삶과 마음에 매우 특별한 자리를 차지하고 있습니다." 토니 에반

---

6 토니 에반스, 2021년 6월 3일, 저자와 나눈 대화.

스가 이 말을 할 때 나는 성령의 깊은 감동을 느꼈다.

하워드처럼 옳은 선택을 하면 영원토록 이어지는 관계들을 낳는다. 하워드는 옳은 선택을 하기 쉽지 않은 시대와 문화에서도 꿋꿋이 옳은 선택을 했다. 이 이야기를 듣는 동안 '만약 그렇게 했다면 어떻게 되었을까?' 하는 생각들이 떠올랐다. 예를 들어, 하워드가 문제를 외면하고 과감히 나서지 않았다면 어떻게 되었을까? 알 수 없는 일이다. 하지만 하워드로 인해 그 교회가 어떻게 되었는지는 알 수 있다. 여러 해가 지난 뒤 그 교회는 토니 에반스를 초대해서 자신들이 과거에 편견에 사로잡혀 행했던 일에 대해 사과하고 필립 얀시도 함께 초대하여 예배를 드렸다. (토니 에반스는 2022년 9월 15일 16번가 침례교회에서 열린 폭탄 테러 추도 예배 때 메시지를 전했다. 테러로 목숨을 잃은 네 명의 소녀를 위한 추도 예배가 매년 열린다.)

하워드는 토니의 앞을 막고 있던 문을 열어줌으로써 옳은 선택의 본을 보여주었다. 우리도 옳은 일을 위해 과감히 나설 기회를 놓치지 말아야 한다. 누가 다음번 토니 에반스가 될지 아무도 모른다. 하워드는 토니 에반스가 지금처럼 큰 교회의 목사가 되고 베스트셀러 저자로서 많은 책을 펴내며, 주님을 충성스럽게 따르는 장성한 네 자녀의 아버지가 될 줄 전혀 모르는 상태에서 그 선택을 했다. 당시 하워드는 그 하나의 선택이 자신의 유산이요 영원한 상급의 일부가 될 줄 전혀 몰랐다.

사람들에게 인기가 있든 없든
큰 비전을 품고
과감히 옳은 일을 할 것인가?

사람을 보라

하워드의 배경에 관해 앞서 언급하긴 했지만, 그의 어릴 적 주변 환경 및 가정 환경은 그가 다른 사람들을 받아들이는 데 중요한 역할을 했다. 진에 따르면 하워드는 자기 자신을 높게 생각하는 사람들과 어울리는 것을 좋아하지 않았다.

진은 말했다. "남편은 사람들이 이름 뒤에 붙은 학위가 아니라 그들이 무엇을 이룰 수 있는지가 중요하다고 말했습니다." 하워드는 사람들의 지위보다 됨됨이에 관심을 두었다. 그는 사람들의 힘이나 문화를 따지지 않았다. 이것이 그가 다양한 배경과 관심사를 가진 사람들에게 영향을 끼칠 수 있었던 이유 중 하나였다고 생각한다.

성경의 표현을 빌자면 그는 사람을 두려워하지 않았다. 그는 하나님이 그러시는 것처럼 사람의 마음과 참모습을 보려고 노력했다. 토니 에반스도 이 점을 잘 알고 있었다. 그의 말을 들어보자.

하워드는 항상 인종 문제에 민감했습니다. 그는 인종 사이에 다리를 놓기를 원했습니다. 그는 영적인 진리를 설득력 있게 전하는 전달자로서 문화적 관계에 있어서 훌륭한 치유자였습니다. 그가 이 문제에서 치유자가 될 수 있었던 것은 필라델피아 출신이라는 점이 한몫을 했으리라 생각합니다. 그는 여러 문화가 혼재한 환경에서 자랐습니다. 댈러스 신학교의 많은 학생은 다문화 환경 출신이 아니거나 그런 환경을 접해본 적이 없었습니다. 그래서 학생들은 인종 문제에 민감하지 못했고, 큰 관심이 없었습니다. 하워드는 늘 인종에 관해서 이야기했습니다. 그의 관심은 진리에 있었기에 학생들에게 도전을 주었습니다. 그는 성경적인 시각을 중시했습니다. 그는 학생들이 자신에게서 그런 시각을 배우기를 원했습니다.

하워드는 하나님의 말씀과 진리의 렌즈를 통해 사람

을 보았다. 그 결과 그는 성경에 쓰인 대로 사람들을 소중히 여기고 사랑하는 리더로 성장해갔다. 하워드를 둘러싼 배경은 그가 사람들을 어떻게 대하고 사랑할지에 관한 성경의 명령을 실천하는 데 도움이 되었다.

어떤 이들은 문화적, 인종적 관계 속에서 인종을 '보지' 않는 것이 배려라고 말한다. 하지만 그것은 하나님이 각 사람을 아름답게 빚으신 방식을 보지 않는 것이다. 피부색을 보는 것은 괜찮다. 다만, 피부색에 따라 사람을 잘나거나 못나게 여기는 것은 괜찮지 않다. 내 딸 지안Zyan의 친구들을 보면 형형색색의 무지개와도 같다. 이렇게 다양한 친구들과 어울리는 덕분에 지안은 다재다능한 여성으로 자라가고 있다. 오늘날과 같은 다문화 사회에서 목회를 잘하려면 사람들의 참모습을 볼 수 있어야 한다. 하워드는 사람들의 진정한 가치를 보고 그들을 품어주었다. 사람을 제대로 보면 우리는 천국이 어떤 모습일지 그 아름다움을 인식하게 된다.

문화적 선을 넘으라

하워드는 댈러스 신학교의 학생이자 교수로 초창기 시절을 보냈던 1950년대에 다른 학교인 남부 성경훈련학교Southern Bible Training School에서도 학생들을 가르쳤다. 그 학교는 인종 차별이 남아 있는 도시에서 흑인들에게 신학 교육을 제공하기 위해 설립되었다. 당시 유색 인종은 댈러스 신학교에 다닐 수 없었지만, 하워드는 포기할 줄 몰랐다. 그는 흑인들만 다니는 이 학교를 찾아가 유색 인종 학생들을 가르쳤다.

당시 대부분 도시와 마찬가지로 댈러스도 여전히 인종 차별이 심했다. 하지만 하워드는 남부 성경훈련학교의 총장을 알게 되었다. 이번에도 두 사람의 관계는 그저 호감을 느끼는 사이에서 진정한 친구 사이로 발전했다. 오늘날에는 다양한 배경을 가진 친구를 사귀는 것이 드문 일이 아니지만, 1950년대에는 그것이 몹시 드문 일이었다. 당시 인종이 서로 다른 사람들은 좀처럼 문화적 선을 넘지 않았다. 하워드는 이 선을 넘었고, 그렇게 하는 것을 즐기는 것처럼 보였다.

진은 흐뭇한 얼굴로 그 이야기를 회상했다. "남편은 총장에게 그곳에서 학생들을 가르칠 수 있는지 물었습니다." 여기서 잠시 멈춰보자. 하워드는 총장과 관계를 맺었을 뿐 아니라 인종 차별이 여전히 남아 있는 그 도시에서 학생들을 가르치고 싶어 했다.

"남편은 그 도시가 여전히 인종 차별 정책을 시행하고 있다는 사실에 몹시 분개했습니다." 진은 그렇게 말했다. 인종 차별을 시행하는 남부에는 그리스도인이면서도 인종 차별을 용인하는 사람이 많았다. 하지만 하워드는 달랐다. "남편이 내게 그 학교를 보여주고 싶다고 말했던 적이 있어요. 그래서 우리는 페어 파크 인근으로 차를 몰고 갔습니다. 거기서 남편은 내게 그 동네와 학교를 보여주었어요. 그들은 하워드를 보자마자 차로 우르르 달려와 인사를 건넸습니다." 그 사건을 회상하던 진은 남편과 함께했던 즐거운 추억을 떠올리며 소리 내어 웃기 시작했다. "남편은 피부색에 상관없이 모든 사람이 성경을 알기를 원했어요." 진의 말은 너무도 당연하게 들린다. 하지만 당시에는 그 말을 실천하는 사람이 거의 없었다.

/

당신은 복음을 전하고 누군가의 멘토로 살고 있는가?
인종적, 사회적, 경제적 선을 넘을 수 있겠는가?
누가 당신의 삶에 영향을 주고 있는가?
당신과 여러 면에서 다른 사람들에게서도
배울 수 있겠는가?

/

하워드는 사람들의 필요를 헤아리고 돌봐줄 줄 알았다. 자메이카 출신으로 메릴랜드 실버 스프링에 있는 브리지 교회Bridge Church의 담임목사이자 댈러스 신학교 졸업생인 주메인 존스Jumaine Jones는 하워드 밑에서 수학했으며, 그의 제자 훈련 그룹에 참여한 적이 있다.

"절대 과장이 아닙니다. 저는 헨드릭스 교수님을 가장 좋아했습니다. 그분의 수업은 언제나 열정으로 불타올랐습니다. 그분의 수업이라면 뭐든 듣겠다고 생각했던 기억이 납니다. 그분께 수업을 받는 동안 제 삶은 매일 영향을 받았습니다. 그분은 나이를 불문하고 모든 청중의 관심을 사로잡을 수 있었어요."[7]

주메인은 1996년에서 2000년에 댈러스 신학교에 다녔다. 그 기간에 신학교를 다닌 유색 인종 학생들에게 물어보면 피부색으로 인한 불안감이 있었다고 답할 것이다. 하지만 주메인은 하워드 헨드릭스 교수에게서는 그런 감정을 한 번도 느낀 적이 없었다고 말했다. "인종 차별적인 모습은 조금도 기억나지 않아요. 그분에게는 그런 의식이 전혀 없었습니다."

재능 있고 창의적인 강연가인 주메인은 말과 음악을 사용해 사람들에게 자신의 소명을 표현하길 좋아한다. 그는 랩 음악과 말을 혼합하는 것에 관해서 하워드와 대화를 나누었던 일을 회상했다. "그가 '내 취향은 아니네'

---

7   주메인 존스, 2021년 10월 5일, 저자와 전화로 나눈 대화.

라고 말했던 기억이 납니다." 흥미롭게도 하워드는 자신의 스타일이 아니라고 생각하면서도 주메인이 선호하는 방식으로 사람들을 섬기는 것을 절대 비난하지 않았다. 주메인은 음악과 말을 결합하여 하나님의 진리의 말씀을 전하는 것에 공감하는 사람들에게 목회하고 있다. 하워드는 자신이나 다른 사람의 개인적인 취향보다 사람들에게 다가가는 것 자체가 훨씬 더 중요하다고 생각했다.

하워드는 토니 에반스에게 했던 것처럼 옳은 일을 하고 다른 사람들에게 문을 열어주기로 일찍부터 결심했다. 그 일을 위해 그는 다른 인종을 무시하지 않기로 결심했다. 그 결과 그는 모든 사람을 품을 줄 아는 사람이 되었다. 당연히 우리도 다양한 인종과 문화를 품기로 결심해야 한다.

인종 간 평화를 추구하라

인종과 문화의 문제를 다룰 때 어떤 이들은 사람들에게 죄책감이나 수치심, 두려움을 심어준다. 하지만 하워드는 언제나 평화의 사람으로 행동했다. 우리도 그런 사람이 되기 위해, 점점 더 분열되는 문화 속에서 어떻게 다리를 놓는 사람이 될 수 있는지 그 원칙을 살펴보자.

우리가 살고 있는 이 시대의 문화는 하워드가 살았던 시대의 문화와 다르지만, 다리를 놓는 원칙은 그때나

지금이나 변함이 없다. 미국은 최근 팬데믹, 인종 문제에 대한 높아진 인식, 불안정한 경제, 분열된 시민 사회로 인해 큰 변화를 겪어왔다. 각각의 문제를 해결하기도 힘든데 우리 문화는 이 모든 문제를 한꺼번에 다루기 위해 고군분투하고 있다. 이토록 극심한 분열과 혼란이 가득한 문화 속에서 그리스도인들이 그리스도의 사랑을 전하는 일이 그 어느 때보다 중요해졌다.

하워드라면 우리 시대의 문제들을 어떻게 다루었을까? 이 질문에 관해 우리는 추측만 할 수 있지만, 하워드는 사역하는 동안 이 문제 중 일부를 해결해야 했다. 그는 여러 인종과 문화에 속한 사람들이 참석하는 토니 에반스 박사의 콘퍼런스에서 열정적으로 강연하는 것을 비롯해 여러 통로를 통해 노력했다.

하워드는 여러 그룹에서 사역했다. 토니 에반스는 그 일을 이렇게 회상했다.

> 어반 얼터너티브Urban Alternative가 우리 교회에서 개최한 리더십 콘퍼런스에서 그가 강연했던 때가 기억납니다. 그가 리더십에 관해서 이야기할 때 대부분의 흑인 청중이 얼마나 깊이 매료되었는지 모릅니다. 그는 다양한 그룹과 효과적으로 상호작용할 줄 알았습니다. 커뮤니케이션 기술과 함께 그가 미치

는 광범위한 영향력 범위 덕분에 그는 철저히 성경 중심을 고집하면서도 여러 사람과 세대에 영향을 미칠 수 있었습니다. 그가 말하면 누구든 감동받을 수밖에 없었습니다.

토니 에반스 박사의 말을 들으면서 나는 이런 생각을 했다. '나도 그런 리더가 되고 싶다. 나도 어디서 누구에게 말하든 하나님께 그렇게 쓰임받고 싶다.' 리더로서 우리는 하나님이 부르신 대로 살지 못할 때가 있다. 하나님이 우리 안에서, 그리고 우리를 통해 역사하시는 데 우리 자신이 방해가 되곤 한다. 역사하시는 것은 하나님의 일이지만, 그분의 능력을 받아들이는 것은 우리의 일이다. 우리는 하나님의 은혜를 전달하는 통로가 되도록 노력해야 한다. 무엇보다도 하워드는 하나님을 사랑했기에 사역하는 내내 자기 자신이 아니라 하나님을 의지했다.

공을 패스하라

자신의 틀에서 벗어나면 우리의 리더십 기술과 재능은 우리의 생애를 초월한 열매를 낳는다. 하워드는 자신의 소명 밖으로도 눈을 돌려 다양한 상황에서 다양한 사람들과 어울리는 것을 즐겼다. 예를 들어, 그는 미식축구팀인 댈러스 카우보이스에 영향을 미쳤다. 그리고 그는 그곳에서 구단 목사로서의 임기를 마친 뒤 토니 에반스에게 '공을 패스했다.' 하워드 헨드릭스가 문을 열어준 덕분에 댈러스 신학교에 들어왔던 사람이 결국 그가 가장 크게 열정을 쏟은 한 분야였던 미식축구에서 그의 배턴을 이어받게 되었다.

토니 에반스 박사는 하워드 헨드릭스의 본보기를 흐뭇한 얼굴로 회상했다. "하워드 박사님이 제게 댈러스 카우보이스 구단 목사의 배턴을 넘겨준 것은 정말 이타적인 행위였습니다. 그는 자신만 주목받는 것을 원하지 않았습니다. 다른 사람들을 키워주고자 했습니다." 이타적인 리더들은 다른 사람들을 위해 문을 열어줄 뿐 아니라 자신의 생애를 넘어 길이 이어질 유산을 남긴다. 하워드 헨드릭스가 토니 에반스를 위해 문을 열어준 덕분에 이제 토니 에반스의 아들 조나단 에반스 목사가 자신의 아버지처럼 댈러스 카우보이스의 구단 목사가 되어 미식축구 선수들의 삶을 변화시키는 하나님의 역사에 동참하고 있다.

당신은 누구에게
어떤 문을 열어줄 수 있는가?

이야기를 계속하기 전에 개인적인 이야기 하나를 하고 넘어가자. 이 이야기를 친구들에게 했더니 이런 질문이 돌아왔다. "하워드 헨드릭스 박사님이 옳은 일을 하지 않았다면 토니 에반스 박사님은 어떻게 되었을까?" 이 질문을 바꿔보자. "그랬다면 하워드 헨드릭스 자신은 어떻게 되었을까?" 알다시피 하워드 헨드릭스는 토니 에반스가 어떤 인물이 될지 전혀 몰랐다. 또한 하워드 헨드릭스는 한 번도 만난 적이 없는 다른 흑인이 언젠가 자신의 삶에 관한 책을 쓰고 영향력과 멘토링에 대해 그가 추구한 원칙들을 탐구하게 될 줄 전혀 몰랐다. 당신도 언젠가 누가 '당신의' 이야기를 쓰게 될지 모른다.

* * *

베스트셀러 저자인 제니 앨런Jennie Allen은 하워드 헨드릭스에게서 배웠던 경험을 이렇게 묘사했다.[8] "저는 2000년대 초반에 댈러스 신학교에 있었는데, 그곳에 재학 중인 여학생의 숫자는 매우 적었습니다. 하워드 박사님은 사람의 한계를 보지 않았던 것 같아요. 그는 잠재력을 보았습니다. 사실, 그 신학교 전체가 그런 분위기였습니다. 항상 존중받는 느낌이었어요. 다른 사람들과 다르게 취급받는 느낌은 전혀 없었습니다. 신학교에서 전폭적인 지지와 투자를 받는 기분이었습니다. 지금 생각해도 너무 감사한 일입니다. 하워드 박사님은 복음을 전하는 방식을 중시했습니다. 그냥 가서 베풀고 사람들을 잘 섬기며 훌륭하게 사는 것이 그의 방식이었습니다. 그의 큰 관심사는 리더십이었습니다. 그의 리더십 방식은 겸손했습니다. 그리고 그는 사람들을 두려워하지 않았습니다." 제니는 하워드가 사람들의 실체를 알면서도 예수님처럼 사람들을 사랑하고 돌보기를 멈추지 않았다고 덧붙였다.

제니 앨런은 이렇게 회상했다. "하워드 헨드릭스 박사님은 복음을 믿었고, 또한 학생으로서 우리를 믿어주었습니다. 그리고 그는 이 둘을 모두 세상 속으로 보내기를 원했습니다. 하워드 박사님은 탁월했으며, 그의 말은 끊

---

8 제니 앨런, 2021년 10월 7일, 저자와 나눈 대화.

임없이 인용되었습니다. 그가 신학교에 머문 이유는 학문을 추구하려는 것이 아니었습니다. 학생들을 향한 사랑, 그리고 그들을 복음으로 무장시켜 세상으로 보내 세상을 변화시키겠다는 열정 때문이었습니다." 제니 앨런은 그 기대에 부응하여 하나님이 부르신 일에 최선을 다하고 있다.

모든 제자는 삶에서
세 가지 유형의 관계가 필요하다.
자신을 멘토링해주고 도전해줄 '바울'이 필요하다.
나란히 걸으며 격려해줄 수 있는
'바나바'가 필요하다.
자신의 삶을 쏟을 수 있는 '디모데'가 필요하다.
_하워드 헨드릭스

3장

당신을 따르는 사람은 누구인가?

사람을 예수님의 제자로 삼는 사람이 되는 것이 하워드 헨드릭스의 정체성과 사역의 핵심이었다. 하워드는 마지막 순간까지도 사람들을 예수님의 제자로 삼기 위해 살았다. 댈러스 신학교 시절 그는 이른 아침에 성경 공부로 학생들을 제자 삼으면서 하루를 시작했다. 사람들과 함께 시간을 보내는 것에서 단체를 세우는 일까지, 제자 삼기는 하워드 헨드릭스를 규정하는 중요한 표지였다. 그에게 제자 삼기는 자신의 시간을 어떻게 사용할지를 결정하는 가장 중요한 기준이 되었다.

요점에 충실하라

온갖 관심사와 전통과 메시지들이 뒤섞여서 복음의 메시지에 담긴 단순성이 사라지는 경우가 많다. 그렇다 보니 심지어 복음을 찾는 이들이 복음에 다가가지 못하는 불상사가 벌어지고 있다.

하워드는 늘 자신이 전하고자 하는 메시지의 단순성을 강조했다. 아마도 그것은 그에게 복음의 메시지를 늘 단순하게 전해주었던 할머니의 영향을 받았을 것이다. 하지만 『미래 교회Future Church』의 저자 윌 맨시니Will Mancini는 다른 이론을 제시한다. 그는 교회가 문화를 탐색하도록 돕고 제자 훈련 모델을 개발하기 위한 여러 도구를 제공하는 것으로 미국 내에서 유명하다. 댈러스 신학교에서 하워드에게 배울 당시 그도 하워드가 어떤 일에 대해서도 접근 방식의 단순함을 유지하고 중요한 것에 초점을 맞춘다는 것을 알게 되었다. 사실, 그는 애초에 이런 접근법에 이끌려 댈러스 신학교에 입학했다. 내가 하워드에 관해서 이야기를 나누었던 사람들은 거의 모두 비슷한 말을 했다. 윌은 하워드의 녹음테이프와 책을 접하고 나서 댈러스 신학교에 들어가기로 결심했다. 그는 "제자 삼기는 제가 하워드 헨드릭스 박사에게 끌린 이유였습니다"라고 말했다.[1] 하워드는 평생 제자화에 대한 일념을 변함없이 보여주었다. 특히 그는 사람들을 자기 자신이 아닌 하나님께로 이끄는 능력이 탁월했다.

학생으로서나 교수로서나 하워드의 마음속에는 어떤 종류의 유산을 남기고 싶은지가 분명히 정립되어 있었다. 하워드는 1946년 댈러스 신학교에 입학해서 1950년에 목회학 석사 학위를 취득했다. 그리고 오래지 않아 모교의 강사로 초빙받았고, 나중에는 전임 교수가 되었다. 진에 따르면 하워드는 '성경을 이해하지 못하는 사람들에게 성경을 가르치는 것'이 자신이 하고 싶은 일의 전부라는 말을 자주 했다. 그는 학생들에게 온갖 것을 가르치려고 하지 않았다. 그의 접근법은 핵심에 충실하자는 것이었다.

문화 전문가들은 사람들이 더는 기독교 신앙의 기본을 모르는 포스트 기독교 시대가 도래했다고 말한다. 이런 이유로 우리의 제자화 도구는 기본에 집중해야 한다. 사람들이 역사적으로 '기독교' 국가였던 곳에서 산다는 이유만으로 그리스도인이 될 것이라고 가정하지 말고 사람들이 직접 복음을 이해하고 예수님을 따르기로 결심할

---

1 윌 맨시니, 2021년 2월 16일 저자와 전화로 나눈 대화, 2021년 4월 저자와 대면하여 나눈 대화.

수 있도록 진리를 단순하게 전해야 한다. 우리의 역할은 '땅'의 상태를 파악하면서 씨앗을 심고 물을 주는 것이다. 하워드는 바로 그렇게 했다. 이것이 학생들이 그와 그의 가르침에 끌린 이유다. 온갖 '교회 일'에 바쁜 것을 예수님을 추구하고 사랑하는 것으로 착각하기가 너무도 쉽다.

하워드의 접근법

하워드는 학교 수업만으로는 학생들을 일일이 제자로 훈련하기가 힘들었다. 그래서 그는 소그룹 성경 공부 외에도 자신을 찾아오는 모든 학생에게 시간을 내주었다. 학생들은 그를 끊임없이 찾아왔다. 그런 학생 중 한 명이 었던 필 터틀Phil Tuttle은 하워드와 함께 보낸 시간을 돌아보면서 하워드가 시간을 내주지 않은 학생은 단 한 명도 없었다고 말했다. 진은 그 이유를 이렇게 설명했다. "하워드는 학생 한 명 한 명을 아들이요 딸로 보았습니다." 그 감정은 상호적이었다. 많은 학생이 하워드를 아버지처럼 존경하고 사랑했다.

'제자 삼기'라고 하면 즐겁기보다는 의무라는 느낌이 들기 쉽다. 하지만 하워드에게 제자 삼기는 전혀 무거운 짐이 아니었다. 나는 그에 관해 조사하면서 그가 배출한 많은 학생이 직접 경험한 그의 제자 삼기 방식을 요약할 수 있는 한 단어를 찾고자 노력했다. 그러다 유진 피터슨Eugene Peterson의 전기 『내 뼛속의 타오름A Burning in My Bones』을 펴낸 작가인 윈 콜리어Winn Collier와 마주앉게 되었다. 윈은 1990년대에 하워드에게 배운 학생이었다. 그는 "하워드 헨드릭스 하면 '기쁨'이란 단어가 떠오릅니다"라고 말했다. 그는 신앙을 형성해가던 신학교 시절에 하워드가 자신에게 미친 영향을 이렇게 묘사했다. "그는 성경을 생동감 있게 바라볼 수 있도록 제 인생의 문을 열어주었습니다. 그는 믿음으로 인해 더 작아 보이는 사람들과 달랐습니다. 그의 믿음은 그를 더 커 보이게 했습니다."[2] 하워드는 믿음과 제자 삼는 일을 서로 별개의 것으로 보지 않았다. 그래서 그에게 제자 삼는 일은 너무도 중요하면서도 즐거운 일이었다.

그리스도의 제자가 되는 것에 관해
사람들과 이야기할 때
당신의 표정에 기쁨이 묻어나는가?

---

[2] 윈 콜리어, 2021년 4월 21일, 저자와 줌으로 나눈 대화.

리더나 교사, 혹은 어떤 식으로든 제자를 훈련하고 있는 우리가 평생 배움을 이어가기로 결심하지 않으면 다른 사람들에게 영향을 미치기 어렵다. 하워드는 많은 위대한 책을 썼는데, 그 중 하나는 『삶을 변화시키는 가르침Teaching to Change Lives』이다. 여기서 그가 말하는 첫 번째 원칙은 교사의 법칙이다. 그는 책에서 이렇게 말한다. "오늘 성장을 멈추면 내일 가르침을 멈추게 된다."[3]

하워드는 예수님을 사랑하고 전심으로 그분을 따랐다. 그것은 그리스도를 추구하는 것이 그분의 제자임을 드러내는 결정적인 증거라고 믿었기 때문이다. 하워드는 이 진리를 가르쳤을 뿐 아니라 자신이 먼저 믿고 실천했다. 예수님을 추구하려면 그분과 깊은 관계를 맺어야 한다. 리더는 자신이 그리스도를 삶의 중심에 놓고 있는지, 그리고 자신이 이끄는 사람들에게 다른 무엇보다도 예수님을 추구해야 한다고 분명히 가르쳐주고 있는지 스스로 돌아보아야 한다.

* * *

---

3 Howard Hendricks, *Teaching to Change Lives: Seven Proven Ways to Make Your Teaching Come Alive* (Colorado Springs: Multnomah Books, 2011), 17. (『삶을 변화시키는 가르침』 생명의 말씀사)

예수님은 3년간의 사역을 시작하시면서 그분을 따를 제자로 열두 명을 선택하셨다. 나는 요한복음 1장에서 예수님이 그중 네 명을 부르신 이야기를 좋아한다. 그 이야기를 보면 예수님이 어떻게 해서 그들로 하여금 모든 것을 내려놓고 그분을 따르게 하셨는지 알 수 있기 때문이다. 예수님은 누구도 그분을 따르도록 억지로 설득하실 필요가 없었다. 예수님은 매력적이셨고, 그분의 메시지는 생명을 주는 메시지였다. 실제로 베드로는 예수님 외에 그 누구에게서 영생의 말씀을 들을 수 있겠냐고 말했다(요 6:68 참조).

요한복음의 첫 번째 장, 특히 35-51절에서 우리는 세례 요한의 두 제자가 예수님께로 관심을 돌리는 흥미로운 장면을 볼 수 있다. 그중 한 명은 안드레였다. 나중에 그가 시몬 베드로의 형제라는 사실이 드러난다. 안드레는 예수님의 말씀에 너무 깊은 감명을 받아서 그 메시지를 다른 사람에게도 전했다. "우리가 메시야를 만났다"(요 1:41). 그는 그렇게 흥분해서 말했다. 다음 날 예수님은 빌립을 부르셨고, 빌립은 그의 친구 나다나엘에게 그분을 전했다.

이 사람들은 오랫동안 기다리던 메시아가 오셨다는 소식을 다른 사람들에게 전하려고 자신들의 시간을 썼다.

댈러스 신학교의 많은 학생은 하워드가 강의로나 혹

은 개인적인 만남의 자리를 통해 자신들에게 시간을 내어준 일에 관해 이야기했다. 하워드는 그 시간을 위해 온몸을 던졌던 것으로 보인다. 그래서 혼자가 되면 그는 온 힘이 빠지는 것을 느끼곤 했다. 그는 다른 사람들에게 자신과 자신의 시간을 내어주는 기술을 이해했던 것이 분명하다. 리더가 개발할 수 있는 가장 중요한 기술 중 하나는 적절한 시간에 다른 사람에게 자신과 자신의 시간을 내어주는 것이다. 사람들이 끊임없이 활동하는 세상, SNS 활동으로 가득한 문화 속에서는 가만히 다른 사람들 곁에 있어주는 것이 생각만큼 쉽지 않다. 우리가 그들에게 우리 자신과 우리의 시간을 내어주면 하나님이 그들을 그분께로 이끄신다. 우리가 다른 사람들을 제자로 삼는 것은 우리 자신을 내세우기 위해서가 아니라 하나님의 영광을 위해서다. 하워드는 학생들에게 자신과 자신의 시간을 내어주면 그들이 자신의 성품에 끌리는 것이 아니라 자신이 섬기는 하나님께 끌리게 될 것을 알았다.

* * *

나는 찰스 스탠리Charles Stanley가 애틀랜타 제일침례교회Frist Baptist Church의 담임 목사로서 마지막으로 나눈 인터뷰의 진행자가 되는 특권을 누렸다. 게다가 그의 아들 앤디 스탠리Andy Stanley와 가진 인터뷰를 이 책에서 소개하게 될 줄은 꿈에도 몰랐다.

하워드 헨드릭스 박사에 관해서 이야기를 나누기 위해 앤디 스탠리를 줌으로 만났을 때 마치 시간이 오래전으로 돌아간 것만 같았다. 중학생 시절 거실에 앉아 텔레비전으로 찰스 스탠리의 설교를 들었던 기억이 생생하게 떠올랐다. 그 시간이 더욱 특별했던 것은 인터뷰에 진 헨드릭스가 동참해주었기 때문이다. 20년 넘게 사역을 해오면서 그토록 비현실적으로 느껴진 순간은 처음이었다. 정말 평생 잊지 못할 순간이었다. 앤디는 그답게 그 인터뷰에 그냥 참여한 것이 아니라 최선을 다해주었다. 그가 나타나자마자 진의 얼굴이 환히 빛나는 것을 보는 것만으로도 인터뷰의 가치는 충분했다. 앤디는 우리 시대에 가장 탁월한 말의 장인 중 한 명이며, 전 세계적으로 영향을 미치고 있다.

앤디가 댈러스 신학교에 오게 된 이야기는 다른 사람들의 이야기와 조금 다를 수 있다. 앤디는 이렇게 이야기를 시작했다. "하워드 헨드릭스 박사님과 저는 신학교에서 만났습니다. 어머니를 통해 그분에 관해서 들었는데, 제가 그분 밑에서 공부하게 되었다고 말씀드리자 어머니는 뛸 듯이 기뻐하셨어요. 그분에게 성경 연구 방법론 수업을 받고 나서 성경에 대한 이해와 접근 방식이 완전히 달라졌습니다." 앤디와 다른 사람들의 공통점 중 하나는 하워드 헨드릭스가 그에게 영원한 유산을 남겼다는 것이다. 앤디도 다른 학생들과 마찬가지로 수업이 끝나고 나서도 좀처럼 강의실을 떠날 수 없었다. "수업이 끝나는 종이 울려도 모두 그 자리에 앉아서 '우리가 방금 무엇을 경험한 거지?'라며 어리둥절해한 날이 많았습니다."[4]

예수님의 열두 제자가 받은 소명에 관해서 다시 살펴보자. 이 유대인들은 언젠가 메시아가 오실 줄 알았다. 하지만 메시아의 길을 준비하는 것은 세례 요한의 사역이었다. 당대에 세례 요한에게 필적할 자가 없었다. 누가복음 7장 28절에서 예수님이 직접 그렇게 말씀하셨다. 하지만 앤디 스탠리는 하워드가 그에 필적할 만하다고 말한다. 하워드도 자신의 명성을 내려놓고 대신 그리스도를 위해 앤디를 포함해 다른 사람들에게 영향을 미치기 위해 자신의 모든 능력을 사용했다. "헨드릭스 교수님은 많은 사람에게 영향을 미치는 사람으로 살기 위해 자신의 명성을 쌓을 기회를 포기했습니다." 앤디는 그렇게 말했다. 하워드는 학생들을 가르치는 일에 평생을 바쳤

---

4 앤디 스탠리, 2021년 4월 20일, 저자 그리고 진 헨드릭스와 줌으로 나눈 대화.

다. 그는 요한의 말에 분명 고개를 끄덕일 것이다. "그는
흥하여야 하겠고 나는 쇠하여야 하리라"(요 3:30).

예수 그리스도의 제자로서
그분이 '흥하시도록' 나는 '쇠하고' 있는가?

기도의 필요성

하워드 헨드릭스는 기도를 중시했다. 이것이 그가 사
람들이 그리스도를 따르도록 영향을 미치는 제자화라는
핵심에 집중할 수 있었던 비결이다. 요한복음 1장은 몇
몇 제자가 예수님께 나아온 과정을 상세히 전하지만, 그
들이 선별된 틀을 설명해주는 것은 누가복음 6장이다.
예수님은 "기도하시러 산으로 가사 밤이 새도록 하나님
께 기도하[셨다]"(12절). 이 기록은 우리가 기도 없이는
아무것도 할 수 없다는 점을 보여준다. 무엇보다도, 기도
로 하나님과 시간을 보내지 않고서는 제자가 될 수 없다.
예수님은 그분과 함께 세상을 바꿀 열두 제자를 선별

하기 위해 기도하셨다. 예수님은 그분이 감당하셔야 하는 임무가 보통 힘겨운 일이 아니라는 것을 잘 아셨다. 놀랍게도 모든 것을 아시는 분이 만사를 제쳐놓고 밤새 기도해야 할 필요성을 느끼셨다. 그분은 그 필요성 때문만이 아니라 우리에게 본을 보여주기 위해서도 기도하셨다. 그분은 3년간의 여정에 돌입할 준비를 하고 계셨으며, 그토록 힘든 여정을 무턱대고 시작하실 수 없었다. 그분이 보여주신 기도의 본보기는 오늘날 우리에게 더없이 중요하다. 특히 이 흥미롭고도 혼란스러우며 힘든 시대를 사는 우리에게는 전에 없이 강한 기도의 삶이 필요하다.

앤디 스탠리는 이렇게 회상했다. "교수님은 텍스트가 말하게 하라고 하셨어요. 그것이 이야기에서 가장 중요한 부분이라고 하셨습니다." 우리의 역할이나 소명이 무엇이든 누가복음 6장 12절은 오늘을 사는 우리에게 이렇게 말한다. 예수님이 밤새 기도하셨다면 우리도 부름받은 곳에서 빛과 소금이 되기 위해 지혜와 인도하심을 얻고자 많은 시간을 기도해야 한다. 무엇보다도, 예수님이 우리에게 제자로 삼고 그분에게로 인도하라고 명령하신 사람들을 위해서 기도해야 한다. 사역자든 리더든 무엇이든 상관없이 우리는 모두 복음을 전하고 다른 사람들을 제자로 삼는 일로 부름받았다.

예수님의 철야 기도 이후 누가복음 6장 13절은 "밝으매"라는 말로 시작된다. 이것은 우리가 예수님과 시간을 보낸 뒤에 행동, 특히 확신을 가지고 행동해야 함을 말해 준다. 하워드는 행동하는 사람이었다. 그는 하나님이 부르신 일을 하고, 그분이 원하시는 사람이 되기 위해 확신을 가지고 과감히 한 발을 내디뎠다.

특정한 리더들에게 자신을 쏟아붓는 하워드의 놀라운 능력은 주로 기도 시간에서 비롯했다. 그것은 자신의 삶에 역사해달라고 하나님께 간구한 결과였다. 이번 장을 타이핑하다가 내가 참고하고 있는 성경 주석이 바로 하워드 헨드릭스의 제자가 쓴 것이라는 사실을 발견하고 온몸에 소름이 돋는 경험을 했다. 그 제자는 바로 토니 에반스다. 하워드가 토니에게 미친 영향에 관해서는 이미 살펴보았다. 이 주석은 하워드가 예수 그리스도를 위해서 수많은 미래의 인재에게 자신을 쏟아부었다는 확실한 증거 중 하나다. 하나님이 원하시는 제자가 되는 길에는 적대감과 난관이 따른다. 이 포스트 기독교 시대에는 더욱 그럴 수밖에 없다. 우리가 그런 순간을 헤쳐 나가는 법을 알려면 기도라는 가장 강한 무기를 굳게 붙잡아야 한다.

누군가의 기도 생활에 관해서 알고 싶다면 그의 배우자와 가족에게 물어보라. 따라서 하워드의 기도 생활에 관해 조사할 때도 진에게 물어보는 것이 최선이었다. 내가 하워드의 기도 생활에 관해서 묻자 진은 잠시도 머뭇거리지 않고 대답했다. "남편은 학교 사무실이나 집의 작은 서재 등에서 대부분의 시간을 혼자 기도하며 보냈습니다."

진은 계속해서 이렇게 말했다. "남편과 나는 가족의 관계, 그리고 우리 부부의 관계를 위해서 자주 기도했습니다. 특히, 남편은 집에 일거리를 잘 가져오지 않았어요. 아이들이 성장하는 동안에는 더욱 그랬지요." 이것은 집에 일거리를 가져와 가족에게 충실하지 못하기 쉬운 오늘날 우리가 하워드에게 배워야 할 또 다른 습관이다.

또한 기도로 올바른 곳에 믿음을 둔 덕분에 하워드는 담대하게 살고 사역할 수 있었다. 진은 이렇게 설명했다. "남편은 하나님을 굳건하게 믿었습니다. 하지만 자기 자신은 전혀 믿지 않았어요." 하나님을 믿고 성령의 인도하심을 의지한 것이 하워드가 무엇에 참여하고 무엇에 참여하지 않을지를 그토록 지혜롭게 분간할 수 있었던 비결이다. 그리스도인은 기도로 성령께 의지할 때 해야 할 일에 집중하고, 내려놓아야 할 일을 과감히 내려놓을 수 있다.

공든 탑을 무너뜨리지 않고 끝까지 옳은 길로 간 리더들은 대부분 기도 생활을 열심히 한 사람들이다. 자아를 추구하고 명성을 떨치려는 세상에서 하워드는 그런 함정을 피하려고 노력했다. "남편은 유명해지는 것을 죽기보다 싫어했습니다. 심지어 라디오에도 출연하지 않으려고 했어요." 진은 그렇게 말했다. 그녀는 하워드가 그토록 스포트라이트를 받지 않으려고 피한 것은 기도 생활을 통해 얻은 겸손 덕분이라고 믿는다.

하워드 자신도 댈러스 신학교에서 은퇴할 준비를 하면서 그런 열망을 인정했다. 그는 은퇴식 때 상영된 헌정 영상을 통해 교육자로서 사는 동안 자신을 이끈 원동력이 무엇이었는지를 알려주었다. "내게 가장 큰 힘이 된 것은 다른 곳에서 가르치고 있는 수많은 제자입니다."

길을 준비하라

알다시피 예수님이 3년간의 공생애를 시작하시기 전 세례 요한이 나타나 그분을 위한 길을 준비했다. 이와 비슷하게 하워드도 길을 준비하는 일로 부름받았다. 그는 특히 가르치는 일을 통해 수많은 사람이 가르치고 설교하고 복음을 전하고 다른 사람들을 제자로 삼을 수 있도록 그들의 길을 준비해주었다. 내가 이 책을 쓰기 위해 연락을 취했던 사람들은 대부분 몹시 바쁘면서도 흔쾌

히 내 요청을 들어주었다. 그들의 말을 들어보니 하워드
가 그들이 사역할 수 있도록 얼마나 성심껏 준비했는지
를 알 수 있었다.

몇몇 사람은 하워드가 이타적이었다는 점을 강조했
다. 진 헨드릭스와 함께 진행했던 줌 회의에서 앤디 스탠
리는 이타적인 태도로 오로지 학생들의 영적, 사역적 잠
재력에만 집중했던 한 남자의 가르침을 받던 시절로 기
억을 더듬어갔다. 하워드가 가르친 시기는 앤디 스탠리
가 댈러스 신학교의 '황금기'라고 부른 시절이었다. 아마
다른 졸업생들도 동의할 것이다.

그리스도를 닮은 하워드의 이타주의는 앤디에게도
그대로 전해졌다. 앤디는 다음과 같이 말했다.

저는 댈러스 신학교에 입학했을 때 당시 대형교회
로 여겨졌던 애틀랜타 제일침례교회 출신이었습니
다. 하지만 제가 댈러스 신학교에서 만난 친구들과
사람들은 모두 작은 교회 출신이었습니다. 입학한
첫해에 저는 강의실에 앉아서 '도대체 이 교수님은
왜 학생들이나 가르치며 인생을 허비하고 있는가?'
라는 생각을 하곤 했습니다. 제가 볼 때 그는 텍사
스주 댈러스, 아니 미국 어디에서나 가장 큰 교회를
일굴 수 있었습니다. 그러던 어느 날, 어떤 강의였는

지는 기억나지 않는데, 갑자기 교수님이 자신의 인생 여정에 관해서 이야기했습니다. "제가 교회에서 목사가 되어야 할까요? 아니면 최대한 많은 사람을 그저 교회에 더하는 것이 아니라 교실에서 제 영향력을 배가시켜야 할까요?" 그것은 제 인생에서 결정적인 순간이었습니다.

그 시간은 앤디는 물론이고 그날 수업을 받은 많은 학생에게 인생의 결정적인 순간이 되었다. 학생들은 수업 종료를 알리는 종소리를 아쉬워하며 하워드 헨드릭스를 통해 중요한 것은 그 자신이 아니라 하나님이라는 사실을 배웠고, 그러한 가르침을 받으며 그들의 삶도 서서히 변해갔다. 앞서 말했듯이 하워드는 오직 한 교회에서만 목회했는데 그 기간도 2년을 채 넘기지 않았다. 앤디 스탠리는 수업 후에 하워드를 찾아가 댈러스에 교회를 개척하지 않는 이유를 물었다. 그는 하워드의 리더십이면 교회를 금세 대형교회로 키울 수 있다고 말했다. 그때 하워드는 손사래를 치며 이렇게 대답했다. "내가 교회를 맡아 목회하는 것보다 여기 강의실에서 가르치는 것이 자네와 같은 이들의 삶에 더 깊은 영향을 미칠 수 있는 길이네." 하워드는 젊은 목사들과 리더들에게 영향을 미치는 것이 곧 수많은 교회와 사역 단체에 기여하는 것이라는 점을 이해했다. 하워드가 다른 곳에서 목회할 수 있다는 앤디의 말은 틀린 것이 아니었다. 하지만 하워드는 강의실을 떠나 다른 일을 하기에는 하나님이 자신에게 주신 사명과 소명이 너무도 크다는 사실을 알았다.

물론 하워드도 때로 다른 일을 원하기도 했다. 진에 따르면 때로 하워드는 불안감을 느끼며 다른 일을 추구하려고도 했다. 사실, 살다 보면 누구나 불안해질 때가 있다. 하워드에게 다른 커리어를 추구하려는 마음이 잠시 생기기도 했지만, 그는 다른 사람들을 준비시키는 일을 포함해서 하나님이 주신 소명에 끝까지 충성을 다했다.

더하기가 아닌 배가

곱하기의 마음가짐은 제자화를 위한 중요한 요소 중 하나다. 그런 마음가짐이 없으면 궁극적으로 성장할 수 없다. 성경에서 '제자'라는 단어가 나올 때마다 그것은 우리 자신이 그리스도를 따르는 것만이 아니라 다른 사람들을 우리처럼 제자로 키운다는 의미를 함축하는 것이다. 2천 년도 넘게 지난 지금도 여전히 그리스도인들은 마태복음 28장 19-20절에 기록된 예수님의 명령에 따라 다른 사람들을 제자로 세우고 있다. 하워드는 멘토링이 배가의 방법 중 하나라고 믿었다. 가장 자주 인용되는 그의 멘토링 원칙 중 하나는 이것이다. "모든 제자는 삶에 세 가지 유형의 관계가 필요하다. 자신을 멘토링해주고 도전을 줄 수 있는 '바울'이 필요하다. 나란히 걸으며 격려해줄 수 있는 '바나바'가 필요하다. 자신의 삶을 쏟을 수 있는 대상으로 '디모데'가 필요하다."

하워드와 그의 아들 윌리엄은 멘토링에 관한 고전 『철이 철을 날카롭게 하는 것같이As Iron Sharpens Iron』를 썼다. 지금은 『영향력 있는 사람들Men of Influence』이란 제목의 개정판으로 새롭게 나왔다.[5] 시대를 초월하는 이 주제를 탁월하게 다룬 그 책에서 하워드와 윌리엄은 성경에 나타나는 멘토링의 모델들을 제시한다. 이 멘토링 관계들은 배가로 이어지곤 했다. 하워드와 윌리엄은 다음과 같은 멘토링 관계들을 소개했다.

—이드로와 모세: 출애굽기 18장
—모세와 여호수아: 신명기 31:1-8, 34:9
—모세와 갈렙: 민수기 13장, 14:6-9, 34:16-19,

---

5 Bill Hendricks and Howard Hendricks, *Men of Influence: The Transformational Impact of Godly Mentors* (Chicago: Moody Publishers, 2019).

여호수아 14:6-15

—사무엘과 다윗: 사무엘상 16장, 19:18-24

—요나단과 다윗: 사무엘상 18:1-4, 19:1-7, 20:1-
  42

—바나바와 사울: 사도행전 9:26-30, 11:22-30

—바나바와 요한 마가: 사도행전 15:36-39

—아볼로를 멘토링한 브리스길라와 아굴라: 사도행
  전 18:1-3, 24-28

—바울과 디모데: 사도행전 16:1-3, 디모데전서와
  디모데후서

* * *

10년 전, 나는 애틀랜타의 로즈웰 고속도로 출구로
나가 노스포인트 교회North Point Community Church의 한 위성
캠퍼스를 방문했다. 신학생 시절에, 일부 교회가 다른 캠
퍼스들을 세운다는 이야기를 들은 적이 있었다. 지금은
멀티사이트 교회라고 부르며, 그런 교회를 흔히 볼 수 있
다. 하지만 당시로서는 노스포인트 교회의 위성 캠퍼스
가 신기하기만 했다. 이 교회는 교회 혁신의 첨단에 서
있었다. 이 멀티사이트 모델이 전국으로 확산되는 것은
시간 문제처럼 보였다. 그런데 최근에서야 앤디와 대화를

나누면서 비로소 배경 이야기를 알게 되었다. 이 '새로운'
개념은 역사를 지니고 있었는데 하워드 헨드릭스가 그
개념과 깊은 관련이 있었다.

앤디는 자신이 단순한 더하기 모델의 제자화에서 벗
어나게 된 결정적인 계기를 설명했다. "무엇을 하던 무조
건 배가를 추구하기로 했습니다. 시간을 몇 년 뒤로 돌려
보면⋯저는 교회 개척자가 되고 싶지 않았습니다. 제가
처한 상황에서 교회를 개척하는 것이 맞지 않아 보였습
니다. 노스포인트 교회는 성장하고 있었습니다. 이제 저
는 우리의 노력을 배가하기 위해 뭔가를 해야 할 때가 되
었다고 판단했습니다. 그래서 리더십 전문가 존 맥스웰
John Maxwell을 찾아갔다가 답답한 심정만 품고 돌아왔습니
다. 그러다 갑자기 머릿속에서 배가에 관한 헨드릭스 교
수님의 음성이 들렸습니다. 물론 우리는 노스포인트에서
여러 그룹을 배가했습니다. 심지어 우리는 큰 교회도 키
워냈습니다. 하지만 다른 교회를 개척하는 것은 배가가
아닌 단순한 더하기처럼 느껴졌습니다."

앤디의 말을 듣자니 그가 하워드에게 얼마나 많은 영
향을 받았는지를 실감할 수 있었다. 노스포인트 교회는
더하기가 아니라 배가하도록 부름받았다. 하워드는 학생
들이 단순한 더하기가 아니라 배가를 소명으로 품도록
가르쳤다. 앤디의 말은 계속되었다. "멀티사이트를 통해

배가할 여러 기회가 찾아왔습니다. 물론 지금은 많은 교회가 배가를 합니다. 하지만 우리는 선구자였습니다. 그리고 이것은 교수님이 제 머릿속에 심은 씨앗 덕분이었습니다. 그 씨앗은 배가의 요소가 없다면 제대로 하고 있는 것이 아니라는 말씀이었습니다."

배가는 오랫동안 지속되는 운동을 의미하기도 한다. 앤디는 한 가지 장애물을 언급했다. "사람들은 온갖 종류의 더하기 전략을 시도했습니다. 그런데 알다시피 하나같이 그 세대부터 쇠퇴하기 시작했습니다…저의 에너지와 용기, 우리가 처음부터 멀티사이트 방식에 쏟아부은 막대한 재정 투자, 이 모든 것은 오래전 심어진 그 씨앗에서 흘러나왔습니다. 그 씨앗은 바로 더하기만 해서는 안 되고 배가해야 한다고 강조하는 교수님의 음성이었습니다." 노스포인트 교회의 배가 모델은 2세대의 장애물을 극복했다. 내가 볼 때 그것은 앤디가 지속적인 배가 전략을 강조하는 하워드 헨드릭스의 음성에 계속해서 집중했기 때문이었다.

리더는 하나님의 뜻에 따라 사람들을 제자로 삼기 위해 배가 전략을 채택해야 한다. 당신은 배가하기 위해 무엇을 하고 있는가? 하워드의 방식은 학기마다 열정적인 학생들을 배출해냈다. 하워드는 자신의 사역을 배가해줄 리더들을 훈련하기 위해 자신의 목회 사역을 포기했다.

앤디의 말이 옳다. 하워드는 인재를 배가하기 위해 자신의 이름을 떨칠 기회를 내려놓았다.

앤디는 하워드 밑에서 수학한 일에 대해 깊이 감사했다. 앤디의 이야기를 들어보니 하워드의 지도 아래서 그의 삶이 더 나은 방향으로 바뀌었고, 제자화와 배가 방식에 관한 이해가 깊어졌다는 것을 분명히 알 수 있었다.

앤디는 이렇게 말했다. "겸손한 태도를 취한 사람, 더 큰 영향을 끼치기 위해 작은 자리를 받아들인 사람을 보고 그의 삶을 경험하면 그 삶이 전하는 교훈을 절대 잊을 수 없습니다."

당신은 많은 것을 할 수 있다.

하지만 반드시 해야 하는 한 가지를 찾으라.

_하워드 헨드릭스

4장.

마음속에 그리기

    나와 함께하는 이 여정에서 당신이 단순히 생각할 거리 정도를 얻는 것만이 아니라 하나님이 당신을 지금 그 자리에 두신 이유를 더 분명히 이해하고 소명을 더 깊이 깨닫게 되는 계기가 되기를 간절히 소망한다. 마음속에 그린다는 것은 미래의 가능성을 상상하는 것이다.

    하워드 헨드릭스는 바로 그런 상상을 했다. 나는 하워드 헨드릭스와 그의 삶을 조사하면서 그가 그냥 되는 대로 살아간 것이 아니라 세상에 영향을 미치기 위해 노력했다는 사실을 발견했다. 당신 자신의 삶을 돌아보면 소명을 향한 열정으로 불타올랐던 순간이 분명 있을 것이다. 이번 장을 읽으면서 그 열정에 다시 불이 붙기를 간절히 바란다.

기도하면서 하나님이 당신을 어떤 비전과 사역으로
이끌고 계신지 깊이 돌아보라.
하나님이 우리 각자를 얼마나 잘 아시는지를 선포하는
다윗의 위대한 찬양인 시편 139편을 읽어보라.

큰 꿈

미국 남부에 사는 사람과 이야기를 해보면 하나같이
감차°를 좋아한다고 말할 것이다. 그런데 좋은 감차를
만들려면 차와 설탕과 물을 적절히 조합하는 법을 알아
야 한다. 흥미로운 사실은 정확하게 혼합할 수 있는 계량
컵이 없다는 것이다. 하지만 일단 맛을 보면 적절히 조합
되었는지 알 수 있다.

하나님이 주신 비전을 찾는 일도 여러 요소가 조합되
어 이루어진다. 하나님이 주신 비전을 찾을 때 필요한 요
소에는 '이 꿈은 너무 크다'라는 느낌과 '내가 이것을 하

○ 미국 남부에서 즐기는 달콤한 차.-편집자 주

지 않으면 어떻게 될까?'라는 질문이 포함된다. 하나님이 주신 일에 관해서 고려해야 할 다른 요소가 더 있겠지만, 대개 이 두 가지가 주된 요소다. 이런 요소가 제기하는 질문과 씨름한 끝에 내가 '해야만' 한다는 답이 나와야 한다. 하나님이 나를 이 일로 부르셨고, 내가 그 부름에 순종해야 한다는 확신이 서야 한다.

하워드 헨드릭스는 하나님께 다른 사람들을 가르치고 멘토링하라는 비전을 받았다. 이것이 그가 하나님이 주신 비전을 좇아 다음 세대를 키울 수 있도록 수업 시작 종이 울리기만 기다렸던 이유 중 하나다. 하워드는 하나님이 자기 앞에 놓으신 비전이 너무 커서 따르지 '않을' 수 없다고 생각했다. 진 헨드릭스도 비슷하게 말했다. "남편은 하나님과 그분의 거룩하심을 너무 두려워해서 하나님이 부르신 일을 하지 않고는 배길 수 없었습니다."

진에 따르면 하워드가 어려운 문제 앞에서 의지했던 구절 중 하나는 마가복음 1장 35-38절이었다. 그 구절에서 예수님은 기도하기 위해서 멀리 광야로 나가셨다. 하워드는 이미 분명한 꿈과 목표를 품었지만, 그는 일상에 매몰되지 않고 하나님이 원하시는 일을 할 수 있도록 그분의 인도하심을 구했다.

"새벽 아직도 밝기 전에 예수께서 일어나 나가 한적

한 곳으로 가사 거기서 기도하시더니 시몬과 및 그와 함께 있는 자들이 예수의 뒤를 따라가 만나서 이르되 모든 사람이 주를 찾나이다 이르시되 우리가 다른 가까운 마을들로 가자 거기서도 전도하리니 내가 이를 위하여 왔노라 하시고."

하워드처럼 우리도 한 걸음 뒤로 물러나 하나님이 우리를 위해 어떤 비전을 품고 계신지 여쭈어야 한다. 위의 구절에서 눈에 띄는 두 가지가 있다. 첫째, 예수님은 해가 뜨기 전인 이른 새벽에 밖으로 나가 하나님과 시간을 보내셨다. 둘째, 사람들은 예수님을 찾아다녔다. 이는 예수님이 고독한 시간을 보내시고 기도하시기 위해 일부러 무리에게서 멀리 벗어나셨다는 뜻이다.

이번 장에서 우리는 하나님이 우리를 위해 예비하신 것을 상상하지 못하도록 방해하는 장애물을 살펴볼 것이다. 하지만 먼저 그런 장애물을 극복하려면 우리도 일상에서 멀찍이 벗어나 하나님과 시간을 보내야 한다는 점을 알아야 한다. 마가의 기록은 우리가 예수님처럼 귀신을 쫓아낼 수는 없을지 몰라도(막 1:34) 큰 비전을 추구하면 장애물을 이겨낼 권세를 받을 수 있다는 점을 보여준다.

하워드도 여느 사람처럼 힘든 어린 시절을 보냈다. 그

시간을 생각하면 위대한 일을 할 가능성은 전혀 없어 보인다. 하워드가 어린 시절에 겪은 일을 생각하면 하나님의 놀라운 능력에 그저 경외심이 들 수밖에 없다. 하워드는 하나님이 주신 꿈과 목표를 이루려면 그 비전을 향해 담대히 나아가야 한다는 사실을 일찍부터 깨달았다.

진은 하워드가 휘튼 대학교Wheaton College에 입학했을 때 영어와 문법 시험에서 낙제해 보충 수업을 받아야 했다고 말했다. 이 영역에서 하워드는 대학에서 공부할 준비가 되어 있지 않았다. 나중에 수많은 베스트셀러를 쓰고, 교수로서 우리 시대 최고의 복음주의 목사들을 길러낸 사람이 영어 보충 수업을 받아야 했던 것이다. 삶의 혼란 속에 있는 사람들을 이끌어 극복하게 하시고 하나님 크기의 비전을 이룰 방법은 오직 하나님만 아신다. 하나님은 당신에게 하워드와 똑같은 비전을 주시지 않았을지 모른다. 하지만 분명 하나님은 그분의 영광을 위해 당신을 통해 이루시려는 비전을 당신에게 주셨다.

코브Cove를 상상하다

하워드는 일찍부터 비전을 받았던 것으로 보인다. 진이 남편 하워드를 처음 주목한 것은 한 청소년 수련회에서였다. 그곳에서 진은 하워드가 다른 사람들 앞에서 말하는 능력에 감탄했다고 말했다. 또한 진은 하워드를 익살스러운 사람으로 기억했다. 실제로 나중에 학생들은 강단 위에서 가르치는 하워드를 보고 "배우가 되었어도" 어울릴 사람이라는 말을 자주 했다. 물론 배우가 되는 것은 하워드의 꿈이 아니었다. 하워드에게는 분명한 인생 계획이 있었다. 진은 이렇게 말했다. "남편은 의대생이 었는데 장학금을 받고 필라델피아의 한 병원에 갈 수 있는 좋은 기회를 잡았습니다. 그때 하나님은 설명할 수 없는 확신으로 개입하셨어요. 하나님은 남편에게 목회를 해야 한다고 분명히 명령하셨습니다. 그래서 남편은 휘튼 대학교에 입학했습니다."

한편, 하워드가 휘튼 대학교에 있을 때 설교자로 부름받은 또 다른 인물도 위대한 비전을 품고 있었다. 그는 바로 빌리 그레이엄Billy Graham이다. 나중에 하워드는 그를 개인적으로 알게 되었다. 두 사람은 휘튼 대학교 학생회에서 함께 활동하기도 했다. 이때 맺어진 두 사람의 우정은 대학 시절을 넘어 평생 이어졌다.

여러 해가 지나 빌리 그레이엄은 하나님이 평신도 리더들을 훈련하기 위해 심어주신 코브 수련 센터의 비전을 구체화하기 위해 하워드에게 손을 내밀었다. 손자 윌 그레이엄Will Graham은 하워드의 전폭적인 협력에 감사를 표시하려고 할아버지가 2010년에 쓴 편지를 소개했다.

"2010년 6월 12월에 쓴 편지를 읽어드리고 싶습니다. '친애하는 하워드 교수님, 이번 코브 사역 20주년을 맞아 처음부터 우리와 함께해주신 데 대해 깊이 감사드립니다. 교수님도 아시다시피, 하나님은 저와 아내에게 코브의 비전을 주실 때 이곳을 교육, 영감, 중보 기도, 영향력, 수련, 쉼, 회복의 장소로 만들고자 했습니다. 교수님의 통찰과 지혜, 성경적인 학문 활동, 하나님의 말씀에 관한 실천적인 적용이 코브의 비전을 현실로 만드는 데 결정적인 역할을 했습니다. 이 코브 사진을 보면서 교수님이 처음 전략적인 조언을 해주시고, 나아가 이곳 코브에 계시는 동안 계속해서 실천적이고 성경적인 가르침을 주셔서 영향을 미치신 수많은 사람을 기억해주시길 바랍니다. 교수님의 우정과 협력에 감사드립니다. 다른 사람들을 그리스도께로 인도하기 위해 하나님의 말씀으로 사람들을 훈련해주신 것에 대해 감사드립니다. 하나님이 계속해서 교수님과 교수님의 가족, 교수님의 사역에 큰 복을 주시기를 간절히 소망합니다. 교수님과 부인께 깊은 애정을 담아 이 편지

4장. 마음속에 그리기   91

를 씁니다. 빌리 그레이엄.'"[1]

나는 하나님이 비전을 주실 때는 그 비전을 공유하고 함께 추구해갈 사람들도 주신다는 사실을 배웠다. 당신이 하나님이 주신 비전을 추구하지 않을 때 어떤 귀한 관계를 놓칠지 생각해보라. 하워드 헨드릭스가 소명을 상상하는 과정에서 밟은 단계들을 하나씩 살펴볼 때 당신도 하나님께 당신의 삶을 위해 무엇을 예비하셨는지 여쭙고, 당신이 받은 비전을 향해 담대히 나아가게 되기를 간절히 소망한다.

잘 상상하기 위한 단계

칙필레°의 부사장 마크 밀러Mark Miller는 그토록 많은 리더가 하워드 헨드릭스 주변으로 몰려든 이유를 알려주었다. "하워드는 언제나 진실만을 이야기했고, 리더로서 매우 관대한 사람이었습니다."[2] 옳은 말이다. 다른 사

1 "A Letter from Billy Graham to Dr. Howard Hendricks," The Cove, 2013년 2월 20일, YouTube video, https://www.youtube.com/watch?v=vxYpBWotaPM.
ㅇ Chick-fil-A: 미국의 치킨 패스트푸드 체인점.−편집자주
2 마크 밀러, 2021년 10월 4일, 저자와 줌으로 나눈 대화.

람들의 삶에 후히 투자하지 않고서 진정한 리더요 영향력 있는 사람이 될 수는 없다. 하워드가 보여준 특성들을 살펴보자. 그리고 그가 어떤 식으로 비전을 상상하여 평생 많은 열매를 맺을 수 있었는지를 보자.

끝을 생각하면서 시작하라

하워드 헨드릭스의 삶을 살펴보면 한 가지가 매우 분명해진다. 그는 언제나 최종 목적지를 알았다. 내가 이 책을 집필하기 위해 대화를 나누었던 사람들은 하나같이 하워드 헨드릭스가 목표를 품고 살았다고 말했다. 그는 댈러스 신학교에 도착했을 때부터 왜 그곳에 왔는지를 알고 있었다. 또한 그는 무슨 일을 하든 그만두어야 할 때가 온다는 것을 잘 알고 있었다. 하워드는 늘 끝을 생각하며 살았다. 그는 하나님께 받은 것들을 지극히 사소한 것까지 결국 다른 사람에게 넘겨줘야 한다는 것을 알았다. 그는 미식축구 역사상 전설적인 감독으로 손꼽히는 톰 랜드리Tom Landry의 감독 시절 댈러스 카우보이스의 구단 목사였다. 앞서 말했듯이 하워드는 이 역할에서 자신의 시간이 다 되었음을 알았을 때 그 자리를 토니 에반스 목사에게 넘겨주었다. 나중에 토니 에반스는 그 배턴을 자신의 아들 조나단 에반스 목사에게 넘겨주었다. 끝을 염두에 두고서 하나님이 주신 비전을 바라보면 그 비전이 우리의 것이 아니라 하나님의 것임이 더욱 분명해진다.

누군가가 이 일을 잘 해냈는지 알 수 있는 방법 중 하나는 그의 뒤를 따르는 사람들을 보는 것이다. 윌 맨시니는 하워드의 제자 중 한 명이다. (윌이 하워드를 알게 된 계기는 펜실베이니아 주립대학교 CCC에서였다. 그는 하워드의 녹음테이프들을 샀고, 결국 댈러스 신학교에 진학하기로 결심했다. 나는 이 책을 쓰기 위해 인터뷰를 하면서 이와 비슷한 이야기를 자주 들었다.) 윌이 쓴 『미래 교회』를 읽었을 때 당시에는 그를 만난 적도 없었는데 처음 몇 페이지를 읽자마자 하워드가 그에게 큰 영향을 미쳤다는 사실을 직감할 수 있었다. 내가 윌을 만나자마자 처음 던진 질문은 하워드에게서 배웠느냐는 것이었다. 그러자 그는 자랑스럽게 고개를 끄덕였다. "교수님의 첫 수업을 듣자마자 그분을 만나러 곧장 달려갔던 기억이 납니다."

하워드 헨드릭스의 수업을 듣고 그분을 알아간 과정을 이야기하는 내내 윌의 얼굴에 생기가 돌았다. 하워드가 세상을 떠난 지 10년이 넘었는데도 그는 윌의 마음속에 여전히 살아 있었다. 어떤 사람은 하워드를 '탁월한 관찰자'로 부르면서 그가 "자신이 가르치는 학생들을 깊이 알고 싶어 했다"라고 덧붙였다. 이는 자신이 가르친 많은 제자가 나중에 삶을 변화시키고 큰 열매를 맺는 사역을 하게 될 줄 알았기 때문일 것이다.

하나님이 당신에게 비전을 주시면 다른 사람들을 먼저 생각하면서 그분의 뜻을 추구하기를 바란다. 하나님이 우리에게 주시는 비전은 결국 다른 사람들에게 그분의 복음을 전하기 위한 것이다. 진 헨드릭스는 이렇게 말했다. "하워드는 하나님이 자신을 사용하신 방식과 자신의 삶에서 행하신 일에 놀라워했습니다."

하나님이 우리에게 주신 일을 마음에 품고 끝을 생각하며 그 일을 추구하는 것은 곧 예수님처럼 사는 것이다. 예수님은 이 땅에서 육신으로 계실 때 이 땅에서 보내시는 시간이 언젠가는 끝날 것을 아셨다. 자기 자신을 넘어 최종 목표에 집중하는 것은 예수님을 본받는 것일 뿐 아니라 이 땅에서 우리가 보내는 시간이 제한적이고 짧다는 사실을 겸손히 인정하는 것이기도 하다. 하워드는 자기 자신을 넘어 최종 목표에 집중했기 때문에 지금 우리는 하나님이 그에게 주신 원칙들을 배워서 자신의 꿈과 목표를 추구한 수많은 사람의 이야기를 들을 수 있다. 마크 밀러는 그것을 이렇게 뒷받침했다. "하워드는 저와 같은 치킨 가게 운영자에게도 영향을 끼쳤습니다." 뒤에서 그의 이야기를 더 나누겠지만, 그는 하나님이 우리에게 얼마나 큰 비전을 주실지 아무도 모른다는 사실을 보여주는 살아 있는 증거다. 심지어 하나님은 우리를 세계적인 식당 체인의 대표로 만들어주실지도 모른다. 마크는 이렇게 말했다. "지금도 칙필레 식구들은 하워드를 가장 기억에 남는 강연자로 꼽습니다."

잃어버린 사람들에게 관심을 가지라

하워드는 하나님에게서 멀리 떨어진 사람들에게 다가가기를 늘 열망했다. 그가 하는 거의 모든 일에서 잃어버린 사람들을 향한 그의 관심이 분명히 드러났다. 그는 자신의 부모님을 구원하기 위해 수십 년간 기도했다. 9장에서 그의 아버지가 어떻게 예수님을 영접하게 되었는지를 읽을 수 있다. 그가 왜 그토록 복음 전도에 열정을 품었는지를 파고 들어가면 가장 핵심적인 이유가 드러난다. 그것은 그가 예수님을 영접하고서 인생의 놀라운 변화를 경험했기 때문이다. 그는 예수님의 강한 역사가 필요했고, 예수님은 그런 역사를 이루어주셨다.

리더가 잃어버린 사람들을 포함하지 않는 비전을 품는다면 그것이 무엇이든 모두 부족한 비전이다. 예수님의 사역 중 많은 부분은 잃어버린 사람들을 건지는 것이었다. 진 헨드릭스는 하워드가 예수님의 사명을 본받기를 원했다고 말한다. "남편은 사람들을 사랑했고, 복음을 전하는 일을 사랑했습니다."

하워드의 라이프 스타일을 보고 그가 무슨 일에 참

여했는지를 보면 그의 사명이 잃어버린 사람들에게 다가
가는 것이었음을 알 수 있다. 하워드를 어떤 사역에 참여
시키려면 그 사역에는 반드시 전도의 요소가 있어야 했
다. 하워드는 자신의 기준에 맞지 않는 사역은 단호히 거
절했다. 단체든 개인이든 하워드에게 사역을 부탁하려면
사람들을 전도할 기회를 제공해야 했다. 그러면 그는 십
중팔구 흔쾌히 승낙했다. 그 한 예는 댈러스 카우보이스
의 구단 목사 역할을 비롯해서 댈러스 지역에서 벌어진
사역들이다. 앤디 스탠리는 댈러스 신학교에 다닐 때 외
부인들이 '미스터 댈러스'의 강의를 들으러 몰려오는 바
람에 강의실에 일찍 도착해서 자리를 맡아야 했다고 말
했다.

잃어버린 사람들에게 다가가는 것은 하워드의 DNA
속에 새겨져 있었다고 해도 과언이 아니다. 그는 작은 동
네 교회가 전한 복음의 능력으로 할머니의 삶이 변화되
는 모습을 똑똑히 보았고, 결국 그 자신도 복음에 사로
잡히게 되었다. 리더들은 하나님이 부르신 일을 상상하
되 하나님에게서 멀리 떨어져 있는 사람들을 잊지 말아
야 한다. 우리는 하워드와 그의 할머니를 그리스도께로
인도한 목회자의 이름을 알지 못하지만, 그가 하워드에
게 복음을 전한 결과는 똑똑히 볼 수 있다. 한 이름 모를
목회자가 댈러스 신학교의 '하워드 G. 헨드릭스 크리스

천 리더십 센터'로 이름을 남기게 된 교수에게 그리스도를 전한 결과, 수많은 사람이 영향을 받았다.

당신이 하나님나라에서 어떤 역할을 맡게 될지는 알 수 없다. 그 역할은 세상적인 기준에서 클 수도 있고 작을 수도 있다. 하지만 그와 상관없이 한 사람의 삶이 수많은 사람에게 계속해서 영향을 미칠 수 있다.

누군가가 당신에게
복음을 전하지 않았다면
지금 당신은 어떻게 되었을까?

비전을 품고 그것을 구상하는 내내 사람들을 그 비전의 전면과 중심에 두라. "남편은 하나님에 대한 건강한 두려움을 품었습니다. 나는 남편이 하나님이 주신 사명에 한눈팔지 않고 집중할 수 있었던 것이 이 때문이라고 믿습니다." 진이 내게 전해준 이 말에 나는 크게 동의한다. 하워드는 잃어버린 사람들에게 다가가고 그들과 함께하는 것을 가장 중요하게 여겼다.

공동체를 아껴주고 관계를 소중히 여기라

하워드 헨드릭스는 삶에서 만나는 사람들과 공동체를 이루는 능력이 탁월했다. 그는 많은 사람의 좋은 친구였으며 우정의 중요성을 알았다.

나는 마크 밀러와 이야기를 나누면서 하워드가 친구들을 세워주고 존중했다는 점을 새삼 기억했다. "교수님이 저를 초청해 자신의 수업에서 가르치게 했던 적이 있습니다. 그때마다 강의가 끝나면 우리는 그의 단골 식당인 로리스Lawry's에서 식사했습니다. 교수님은 제 삶에 가치를 더해주었고, 저도 다른 사람들에게 똑같이 해주라고 가르쳐주었습니다." 마크의 말을 들으면서 사람들이 왜 하워드와 어울리기를 좋아했는지 그 이유를 확인할 수 있었다. 하워드에 관한 대화를 나누다 보면 '가치'와 '이타주의' 같은 단어가 계속해서 나온다. 하워드는 그런 단어들을 위해서 살았다. 그는 사람들의 인정을 받기 위해서가 아니라 우리가 모두 살아야 할 진정한 삶을 살았다. 그는 다른 사람들에게 초점을 맞추는 마음가짐의 본을 보여주었다.

진정한 공동체라면 진실성도 갖추어야 한다. 하워드는 이타적인 사람이었지만, 진실을 말하는 데는 주저하지 않았다. 그는 선지자적인 성품을 지녔다. 그래서 하나님이 마음속에 심어주신 것을 사람들에게 담대히 선포했다. 내가 인터뷰한 사람들은 모두 하워드가 자신의 눈을 똑바로 쳐다보면서 진실을 말해주었던 순간들을 회상했다. 하워드는 필 터틀에게 맡은 일을 끝까지 완수하는 것에 관해서 경고했다. 앤디 스탠리에게는 자신의 사명이 목회가 아닌 강의실에 있음을 분명히 설명했다. 심지어 그는 아내 진에게도 늘 진실을 말했다. 그는 진정한 모습으로 다른 사람들에 대한 존중심을 표현했다.

하워드는 자신이 인도하는 제자 훈련 그룹을 매우 소중히 여겼다. 그들은 그에게 매우 중요한 존재였다. 그래서 그는 심지어 은퇴한 뒤에도 주기적으로 그 그룹을 이끌었다. 거의 눈을 감기 직전까지 그렇게 했다. 마크 밀러는 이렇게 회상했다. "하워드는 제게 자신을 보고 배운 뒤 직접 제자 훈련 그룹을 시작하라고 격려했습니다."

윌 맨시니도 하워드의 제자 훈련 그룹에서 훈련받았다. 20년도 더 넘게 지났지만, 그는 그때의 일을 생생히 기억하고 있다. 제자 훈련이 끝난 뒤 그는 하워드를 찾아가 훈련을 다시 시작해달라고 요청했다. 윌은 이렇게 말했다. "교수님에게 훈련을 다시 시작해달라고 계속해서 졸랐습니다. 교수님은 학생 대부분은 교실에서는 두 눈이 반짝거리지만, 교실 밖에서는 배우고 추구하려는 열정이 없다고 말했습니다." 윌은 하워드를 깊이 존경했고, 그가 없이는 이 제자 훈련 그룹이 목표하는 바를 성취할 수 없다고 믿었다. 그는 이 그룹이 다시 시작되기를 원했고, 그렇게 될 때까지 계속해서 노력했다.

비전과 목표를 현실로 이루려면 끈기가 필요하다. 리더는 하나님이 주신 비전의 결실을 보기까지 멈추지 말아야 한다. 그런데 여기에는 사람들이 참여하는 프로젝트가 포함되어 우리가 추구하는 바를 이어가기 위한 이유가 되는 경우가 많다. 윌은 이 그룹이 다시 시작되기를 원했고, 그의 굳은 결심은 결실로 이어졌다. 하워드는 결국 그 그룹을 다시 시작하기로 했다. "그 그룹의 인원은 열두 명입니다. 저는 오랜 세월이 지난 지금까지도 그들 대다수와 관계를 유지하고 있습니다. 우리는 18개월 동안 매주 한 번씩 새벽 4시 30분에 모였습니다."

흥미로운 사실은 하워드가 굳이 이렇게 해야 할 필요는 없었다는 것이다. 그는 기독교 교육과 사역 분야에서 이미 탄탄하게 자리를 잡고 있었다. 그래서 굳이 새벽 4시 30분부터 시작하는 그룹을 이끌어야 할 필요가 없었다. 하지만 그는 공동체 속에서 꽃을 피우는 사람이었다. 이 모임은 1년 반 뒤에 끝났지만, 하워드와 윌의 친밀한 관계는 오래도록 변하지 않았다. 윌은 때마다 하워드를 찾아와 점심 식사를 대접했다. 어느 날 저녁 윌은 나와 이야기를 나누면서 하워드와 함께 보낸 시간이 자신의 삶과 사역에 지울 수 없는 영향을 미쳤다고 힘주어 강조했다.

하나님께 마음을 지켜달라고 구하라

하워드 헨드릭스의 삶에는 이해하기 힘든 여러 면이
있다. 예를 들어, 그는 저명한 인사였으면서도 스포트라
이트를 피했다. 진은 하워드가 좋은 기회를 거절할 때가
많았다고 말했다. 흥미롭게도 그가 거절한 기회들은 그
의 사역이 한창 빛을 보고 미국에서 복음주의가 전성기
를 구가할 때 찾아온 것이었다. 당시 영향력 있는 리더들
은 자신과 자신이 이끄는 사역 단체의 이름을 널리 알리
기 위해 노력하고 있었다. 하지만 하워드는 유명해지는
것을 무슨 수를 써서라도 피하려는 것처럼 보였다. 아마
도 자신의 명성이 높아지면 하나님이 자신에게 주신 비
전을 추구하는 데 걸림돌이 되리라 생각했던 것 같다.

한번은 하워드가 라디오에 출연할 기회를 거절했다.
진에 따르면 하워드는 그냥 그 기회가 내키지 않았다.
"학생들이 설득한 뒤에야 남편은 출연을 결심했습니다."
SNS로 도배된 이 세상에서는 리더가 자신을 내세우기
쉽다. 우리가 스스로 끊임없이 물어야 하는 질문 중 하
나는 하나님이 우리에게 다른 사람들을 섬기라고 어떤
비전을 주시는가 하는 것이다. 우리는 언제나 하나님이
주신 일을 바라보면서 다른 사람들을 섬기는 비전을 그

려야 한다. 우리가 무엇을 하든 애초에 우리 자신의 힘으로 그 일을 하는 것이 아니라는 사실을 한시도 잊지 말아야 한다.

나는 게리 채프먼Gary Chapman과 적지 않은 시간을 보내면서 사역의 중심에 하나님을 모시는 문제에 관한 귀한 교훈을 얻었다. 『5가지 사랑의 언어The 5 Love Languages, 생명의말씀사 역간』와 관련 시리즈의 저자인 게리 채프먼은 하워드 헨드릭스에게 많은 영향을 받았다. 그는 하워드를 개인적으로 알지 못하면서도 매우 높이 평가했다. 다른 사람들을 섬기고 그리스도를 최우선으로 삼는 것에 관한 게리 박사의 말은 매우 흥미로웠다. 그는 일에 치우치지 않고 하나님과 사람들을 섬기는 것을 가장 우선순위에 두어야 한다고 강조했다.

> 무디 성경 학교에 다녔던 시절을 잊을 수 없습니다. 학창 시절 저는 캠퍼스의 우체국장님과 빌리 그레이엄에 관한 이야기를 나누게 되었습니다. 우체국장님은 제게 이렇게 말했습니다. "내가 빌리 그레이엄 목사님을 위해 어떻게 기도하는 줄 아는가? 나는 하나님께 그분의 마음을 지켜달라고 기도한다네." 저는 그 말에 깊이 감명받았습니다. 그때부터 하나님께 제 마음을 지켜달라고 수시로 기도했습니다. 알

다시피 모든 것은 마음에서 흘러나오기 때문입니다. 말 그대로 모든 것이 그렇습니다. 하나님이 우리 마음을 지켜주시면 우리는 너무 멀리까지 방황하지 않을 수 있습니다. 그래서 저는 그렇게 기도합니다. 그리고 다른 목회자들에게도 그렇게 기도하라고 말해줍니다. 하나님께 마음을 지켜달라고 기도하세요. 좌로나 우로나 치우치지 않게 해달라고, 몸을 돌려 되돌아가지 않게 해달라고 기도하세요. "하나님, 어떤 일을 만나든 당신이 이끄시는 방향으로 가도록 제 마음을 지켜주십시오." 이렇게 기도하면서 지혜도 구하세요. "하나님, 제게 지혜를 주십시오."**3**

하워드는 어느 모로 보나 사역을 잘 마무리했다. 게리 채프먼의 말을 빌자면, 하나님이 하워드의 마음을 지켜주셨다는 사실을 그가 맺은 삶의 열매를 보고서 알 수 있다. 그가 그렇게 할 수 있었던 주된 이유 중 하나는 하나님과 함께한 시간 때문이었다. 하워드는 다른 사람들에게 자신을 드러내지 않으면서도 자신의 비전을 따라 살 수 있었다. 당신과 내가 하나님이 주신 비전대로 살면

---

3 게리 채프먼, 2021년 5월 6일, 저자와 줌으로 나눈 대화.

많은 열매를 맺게 되어 있다. 하워드가 맺은 열매는 그의 후학들을 통해 분명하게 나타나고 있다. 그들의 사역은 계속해서 많은 열매를 맺고 있으며, 수많은 사람에게 큰 유익을 더해주고 있다.

우리는 하나님이 주신 비전으로 많은 열매를 맺는 선한 청지기가 되어야 한다. 그리고 하나님이 주신 비전을 잘 추구하기 위해 두 가지 간단한 방법을 실행해야 한다. 하나님이 내면에 주신 비전에 관심을 집중하는 영적 훈련을 시작하면 된다. 그리고 그 비전을 도와줄 수 있는 누군가를 찾으면 된다.

하나님이 주신 임무를 잘 수행하고 있는가?
당신이 이끌고 멘토링하고 있는 사람들이
스스로 비전을 찾도록 잘 가르치고 있는가?

영성의 85퍼센트는 숙면이다.

_하워드 헨드릭스

5장.

자기 관리

번아웃. 일중독. 과로. 일을 손에서 놓지 못하는 것.

익숙하게 들리는가?

사역자나 리더, 아니 어떤 일을 맡고 있든 할 일이 산더미처럼 쌓여서 힘들었던 경험이 한 번쯤은 있을 것이다.

이번 장에서는 일의 건강한 균형을 유지하는 법에 관해서 살펴보자. 균형 잡힌 리더가 되면 자신과 다른 사람들을 잘 이끌 수 있다. 자신을 잘 이끌지 못하면 당연히 다른 사람들을 이끌기 힘들다. 이번 장에서 하워드를 비롯한 여러 사람에게 배우면서 자신에게 이런 질문을 던지기 바란다. "나는 잘 쉬고 자기 관리를 잘하고 있는가?"

자신을 올바르게 사랑하라

진 헨드릭스는 하워드에 관해서 이렇게 말했다. "남편은 쉬기 위해서 정말 노력했습니다." 하워드의 아내가 그를 잘 알았던 것처럼, 우리와 가장 가까운 사람들은 우리가 만나는 누구보다도 위의 질문에 정확히 답해줄 수 있다. 질문을 살짝 바꿔보면 "자기 관리의 가치를 알고 있는가?"라고 물을 수 있다. 자신을 잘 돌보지 않으면 다른 사람들을 위해 효과적으로 사역할 수 없다.

에이프릴 L. 디아즈April L. Diaz는 여성 리더들을 돕는 'Ezer + Co.'라는 훌륭한 단체를 이끌고 있다. 에이프릴은 이렇게 말한다. "자기 리더십은 자신을 잘 이끄는 것이고, 자기 관리는 그런 리더십의 일부입니다."[1] 자기 리더십과 자기 관리가 중요한 것은 그렇게 하지 않으면 리더로서 효과적으로 사람들을 이끌 수 없고 장기적으로 버틸 수 없기 때문이다.

에이프릴은 이렇게 말한다. "오랫동안 지상대명령을 공부해왔습니다. 그런데 문득 교회에서 하나님을 사랑하고 다른 사람들을 우리 자신처럼 사랑하라는 말만 할 뿐, 우리 자신을 사랑하는 법에 관한 설교는 한 번도 들

---

1 에이프릴 L. 디아즈, 2022년 2월 8일, 저자와 전화로 나눈 대화.

어본 적이 없다는 생각이 들었습니다." 우리를 향한 그리스도의 사랑은 다른 사람들을 향한 우리의 사랑이 자라나는 온상이 된다. 자신의 이익이나 안위를 위해서가 아니라 하나님의 영광과 그분의 나라를 위해 자신을 돌보는 것은 이기적인 행위가 아니라 오히려 이타적인 행위다.

이번 장에서는 많은 리더가 소홀히 하는 부분을 다루려고 한다. 그것은 바로 자기 성찰이다. 이것을 소홀히 하면 위험에 빠진다. 이번 장에서는 리더로서 우리가 어떻게 하나님이 부르신 일에 계속해서 집중할 수 있고, 자기 관리를 잘하기 위해서 무엇이 필요한지를 살펴보도록 하자.

25년 넘게 목회한 케네디 펠릭스Kenney Felix 박사는 최근 리더로서 우리에게는 한계가 있다고 설명했다. 그는 자기 관리를 "자신을 남용하지 않도록 우선순위와 한계를 정하는 것"으로 정의했다.[2] 많은 리더의 문제점 중 하나는 자신의 한계를 모른다는 것이다. 그런 의미에서 자기 성찰이 매우 중요하다. 하워드는 필요할 때 거절할 줄 아는 현명함을 갖추고 있었다.

---

2 케네디 펠릭스, 2021년 4월 21일, 저자와 전화로 나눈 대화.

끝까지 버티라

개인적인 말을 하나만 해도 괜찮겠는가? 하워드 같은 거인의 삶과 유산을 조사하고 그에 관한 책을 쓰는 것은 쉽지 않은 일이었다. 그것은 긍정적인 면만 부각시키고 싶은 마음이 자꾸만 앞섰기 때문이다. 이 책은 하워드의 삶에서 길어 올린 리더십 원칙을 다루는 책이기 때문에 그의 문제점을 얼버무리고 장점만 부각시켜 그를 도저히 닿을 수 없는 산처럼 묘사한다면 미래의 리더들인 독자들에게 도움이 되지 않을 것이다.

성경은 모세와 다윗, 베드로 같은 인물들의 문제점과 실패를 거리낌 없이 소개한다. 성경에서 이런 부분은 그들이 얼마나 위대한지가 아니라 하나님이 얼마나 위대하신지를 강조한다. 그들이 실패 가운데서도 어떻게 끝까지 임무를 완수했는지를 보면 문제가 전혀 없는 리더는 없다는 사실을 다시금 기억하게 된다. 하워드의 문제점을 있는 그대로 이야기하고 그가 그 문제점을 어떻게 극복했는지 보여주면 사람들은 그가 어떤 사람이었고, 자신도 어떤 사람이 될 수 있는지에 관한 현실적인 그림을 얻을 수 있다.

이 출간 프로젝트를 받아들이기 전 누군가가 내게 하워드의 장례식을 보라고 권했다. 그는 하워드의 자녀가 아버지에 관해서 무슨 말을 하는지 특히 유심히 보라고 말했다. 하워드의 자녀가 전하는 추도사를 듣고 중요한 뭔가를 깨달을 수 있었다. 그들은 아버지가 우울증에 시달렸던 개인적인 경험을 나누었다. 그들은 때로 아버지가 집에 돌아와 아무 말도 하지 않고 앉아서 우울증의 깊은 수렁에 빠져드는 모습을 지켜보았다. 진은 남편이 우울증에 시달렸던 순간을 회상하고 나서 나중에 그가 우울증을 극복하는 법을 배웠다고 말했다.

자신의 영혼을 돌보라

물론 우울증 같은 정서적, 정신적 질환을 다루는 것은 전혀 창피한 일이 아니다. 진에 따르면 하워드는 댈러스 신학교에 온 지 얼마 되지 않아 상담을 받아보라는 말을 들었다. 펠릭스 박사에 따르면 그것은 필시 듣기 괴로운 말이었을 것이다. 심지어 비난의 말처럼 들렸을 것이다. 펠릭스는 이렇게 말했다. "당시에는 정신 질환이란 표현도 듣기 힘들었습니다. 사실, 그 시대의 주된 주제는 '이를 악물고 이겨내라'는 것이었습니다. 당시에는 심지어 상담을 받고 싶어도 상담사를 만나는 것조차 쉽지 않았어요."

한때는 상담을 받으러 가는 것이 약점으로 여겨졌지만, 지금은 상담을 받는 것이 오히려 강점으로 여겨지는 시대에 우리가 살고 있으니 얼마나 감사한지 모른다. 리더의 길은 보통 힘들지 않다. 게다가 하워드가 살았던 시대보다 오늘날 더 많아진 요구와 문화적 분위기로 인해 지금은 전보다 더 힘들어졌다.

고등학교 시절 한 친구의 집에 놀라갔다가 그리스도 예수 안에서 신자로서 우리가 가진 힘을 바라보는 나의 시각을 완전히 바꿔놓은 두 성경 구절을 배웠다. 그 중 하나는 요한복음 14장 12-14절이었다.

"나를 믿는 자는 내가 하는 일을 그도 할 것이요 또한 그보다 큰 일도 하리니 이는 내가 아버지께로 감이라 너희가 내 이름으로 무엇을 구하든지 내가 행하리니 이는 아버지로 하여금 아들로 말미암아 영광을 받으시게 하려 함이라 내 이름으로 무엇이든지 내게 구하면 내가 행하리라."

다른 구절은 고린도전서 2장 16절 후반부였다. "우리가 그리스도의 마음을 가졌느니라." 이 구절들은 지금까지도 내 마음속에 깊이 새겨져 있다. 친구의 엄마가 고린도전서의 이 구절을 내게 큰 소리로 읽어주셨던 기억이 난다. 나도 예수님의 마음을 가질 수 있다는 것을 그때 처음 알았다. 자신을 잘 이끌기 위해 노력하는 동안 이

두 구절이 당신의 영혼을 향해 말하게 하라. 하워드의 명언을 기억하라. "텍스트가 말하게 하라."

배경을 고려하라

상담가인 내 아내는 이런 말을 자주 한다. "어디서 태어나서 자랐는지와 함께 어떤 환경에서 자랐는지를 보면 그 사람에 관해 많은 것을 알 수 있다." 하워드에게 안정감을 준 그의 진짜 영웅인 친할머니는 가족의 유일한 부양자였다. 할머니는 한 교회와 한 사랑 많은 목회자를 통해 예수님을 알게 되었다. 나중에 그 목사는 하워드가 휘튼 대학교에 갈 수 있게 도와주었다.

하워드의 할아버지는 재능 있는 음악가였다. 진에 따르면 '홍이 많은 신사'였던 할아버지는 뉴욕 메트로폴리탄 오페라에서 일하기도 했다. 하지만 첫째 아들의 예기치 못한 죽음 이후 그는 알코올 중독자로 전락했다. 그는 가족을 부양하기 위해 노동자로 일했고, 주말에는 술독에 빠져 살았다. 하워드는 할아버지가 돈을 다 탕진하지 못하도록 할아버지가 있는 술집으로 몰래 들어가 호주머니에서 돈을 꺼내 할머니에게 갖다 주곤 했다.

아버지와 어머니가 모두 없는 사람이나 다름없었기 때문에 하워드는 할머니에게 기댈 수밖에 없었다. 이런 상황으로 하워드는 또래들과 다른 사람들 앞에서 창피

함, 심지어 수치심까지 느꼈을 것이다. 이 모든 상황은 하워드라는 사람이 형성되는 데 영향을 미쳤다.

진에 따르면 하워드는 좋은 아버지가 되는 것을 힘들어했다. 앞서 살폈듯이 하워드에게 좋은 아버지가 되기 위한 롤 모델이 없었다. 가족을 위해 시간을 내는 것이 하워드에게는 어려운 일이었다. "하워드는 휴가를 방해로 보았다." 진은 그렇게 덧붙였다. 참고로, 아내와 자녀들은 하워드를 깊이 사랑했고, 그의 자녀들은 다 잘 성장했다.

누구의 일인가?

고백하자면, 나는 지난주에 이 책을 쓰는 일을 그만두고 싶었다. 이 책을 쓰는 내내 많은 의심과 불안에 시달렸다. 그리고 지난주에도 큰 부담감을 느꼈다.

많은 사람이 가면증후군impostor syndrome이라는 증상에 시달리고 있다. 이것은 자신이 현재의 자리에 걸맞지 않다고 느끼는 증상이다. 나는 가면증후군 증상으로 내면이 무너진 상태에서 한 절친한 친구에게 전화를 걸어 상황을 알리고, 내가 이 프로젝트를 맡지 말아야 하는 온갖 이유를 댔다. 가면증후군의 흥미로운 점은 자신이 현재의 역할에 맞지 않거나 다른 누군가가 그 역할을 맡아야 하는 이유가 실제로 타당할 수 있다는 것이다.

내가 이 프로젝트를 다른 사람에게 맡겨야 하는 이유를 한참 설명하는데 친구가 갑자기 내 말을 끊고 물었다. "이건 누구의 일인가? 자네의 일인가? 하나님의 일인가?"

모세의 이야기는 우리에게 익숙한 이야기다. 하나님은 모세를 불러 그의 백성을 애굽의 종살이에서 해방시키는 일을 맡기셨다. 하지만 모세는 자신이 그 일에 적임자인지 확신할 수 없었다. 하나님과 그 문제로 논쟁한 끝에 그는 결국 이렇게 말했다. "주여 보낼 만한 자를 보내소서"(출 4:13). 하지만 마침내 그는 하나님의 명령을 따르기로 했고, 나머지 이야기는 우리가 다 알고 있는 대로다.

하워드 헨드릭스가 하나님의 소명을 거부했다면 어떻게 되었을까? 자신이 문제라고 생각하게 만든 불우한 어린 시절, 학교 생활의 어려움, 우울증이라는 어려움 속에서 하워드는 얼마든지 자신을 포기할 수도 있었다. 그랬다면 다른 사람이 그의 일을 맡아 많은 사람과 조직에 영향을 미쳤을지도 모를 일이다.

사명에 집중하는 데 도움이 되는 것 중 하나는 이렇게 묻는 것이다. '내가 누구의 일을 하고 있는 것인가? 나 자신의 일인가? 아니면 하나님의 일인가?' 주기적으로 자신에게 이 질문을 던지는 것이 중요하다.

물론 우리가 하나님의 일을 하고 있다는 사실을 안다고 해서 우리 앞에 놓인 모든 문제가 해결되지는 않는다. 하지만 하나님이 우리 편이시고 우리가 맡은 사명을 감당할 힘을 주실 것이라는 확신 속에서 일할 수 있다. 하워드도 좌절의 순간을 겪었다. 심지어 진의 고백처럼 그는 때로 신학교를 떠날 생각을 하기도 했다. 하지만 결국 그는 하나님의 일을 최우선으로 삼고 끝까지 완수할 수 있었다.

　다른 사람들은 하워드가 얼마든지 더 큰 명성을 얻을 수 있는 분야로 자리를 옮길 수 있다는 사실을 알고 있었다. 앤디 스탠리는 이렇게 말했다. "그에게 왜 교회를 개척하지 않느냐고 물었던 기억이 납니다. 그는 댈러스에서 가장 큰 교회를 세울 수 있었습니다! 그때 그는 저를 지그시 쳐다보며 말했습니다. '앤디, 나는 여기서 자네 같은 학생들의 삶에 더 많은 일을 할 수 있다네.'"[3]

　하워드의 생애와 가르침에 관해 조사할 당시, 자료가 너무 많아 내 노트를 들고 하나님 앞으로 나아가 그분과 단둘이 그 내용을 훑어보았다. 지금도 내 귓가에 맴도는 그의 명언 중 하나는 댈러스 신학교 팟캐스트에서 누군가의 질문에 대해 제시한 답변이다. "자신의 은사가 무엇

---

3 앤디 스탠리, 2021년 4월 20일, 저자와 줌으로 나눈 대화.

인지 모르고 사는 것은 비극입니다." 우리가 누구의 일을 하고 있는지 알아야 한다. 우리는 자신의 은사로 자신의 일을 하는 것이 아니다. 모든 것은 하나님께 속한 것이다. 자기 자신을 잘 이끌려면 하나님이 우리의 창조주이시고, 그분이 우리를 인도하기 원하신다는 사실을 알아야 한다.

당신은 누구의
일을 하고 있는가?

나는 어떤 일을 해야 하는가?

자기 관리와 자기 인식의 한 부분은 우리가 무엇을 위해 부름받았는지 아는 것이다. 앞서 말했듯이 하워드가 거리낌 없이 했던 말 중 하나는 '노'였다. 그는 특히 인생 후반부에는 무엇에 삶을 쏟아야 할지와 무엇에 삶을 쏟지 말아야 할지를 잘 알았다.

이 연구에서 내가 자문을 구했던 펠릭스 박사는 자신을 이해하고 자각하기 위해 '노'라고 말할 줄 알아야 한다고 강조했다. 이것은 많은 사람에게 쉽지 않은 일이다.

하지만 우리가 부름받지 않은 일을 거절할 때 우리의 사명을 지킬 수 있을 뿐 아니라 너무 많은 짐에 치여 스스로 무너지지 않을 수 있다. 하워드 박사에게 배운 사람들은 이런 본보기의 영향을 받았다.

"분명 나는 삶에서 많은 것을 놓쳤다." 앤디 스탠러는 엄격한 바운더리를 유지하는 이유를 묻는 내 질문에 그렇게 대답했다. 하지만 그는 전혀 아쉬워하는 빛이 없었다. 자신이 누구의 일을 하고 있는지 알면 무엇을 하고 무엇을 하지 말아야 하는지에 관한 분별력이 보너스로 따라온다. 자신이 무엇으로 부름받았는지를 알면 자신이 짊어진 짐에 집중하는 것이 쉽고 단순해진다. 짐 자체는 가벼워지지 않아도 눈앞의 일에 집중할 수 있다.

쉴 새 없이 일하면 대가를 치러야 한다

하워드 헨드릭스는 거절할 줄 아는 능력을 갖추었는데도 오랜 세월 자신의 삶을 꽉 채우며 살았다. 그의 스케줄은 늘 꽉 차 있었다. 그것은 우선 그가 맡은 강좌의 숫자 때문이었다. 그는 대개 한 학기에 다섯 개의 강좌를 맡았다.

수업 외에도 하워드는 사방으로 불려 다니는 강연자였다. 진은 이렇게 회상했다. "남편은 CCC 행사에서 5백 명 이상의 학생에게 메시지를 전하고서 완전히 탈진

되어 돌아오곤 했습니다. 그는 육체적으로 지쳐서 집에 왔을 뿐 아니라 젊은 교수로서 자신이 그런 찬사를 받을 자격이 없다는 생각에도 시달렸어요. 그것은 (당시 어렸던) 아이들에게 깊은 인상을 남겼습니다."[4] 그는 댈러스 카우보이스 구단 목사를 포함해 다양한 책임을 맡아 다른 사람들에게 복음을 전하고 대변할 수 있었지만, 거기에는 대가가 따랐다.

하워드는 쉴 새 없이 일하는 사람이었고, 그로 인해 대가를 치르게 되었다. 그 대가 중 하나는 가족의 희생이었다. 앞서 말했듯이 아버지 없이 자란 탓에 하워드는 아버지 역할을 배울 수 있는 모델이 없었다. 그가 정신없이 바쁘다 보니 가족의 삶이 힘든 때가 많았다. 이는 사역이나 사업을 하는 남자들에게 흔히 벌어지는 상황이었다. 하워드의 시대에는 더욱 그러했다.

당신의 가정은 어떠한가?
가족에게 충분한 시간을 사용하고 있는가?

---

4 진 헨드릭스, 2023년 1월 4일, 편집자에게 보내온 이메일.

하나님 중심을 유지하라. 휴식을 취하라

작년에 나는 하워드 헨드릭스에 관해 조사하고 생각하면서 하루를 시작하지 않은 날이 단 하루도 없었다. 거의 매달 누군가가 내게 하워드의 삶에서 스캔들이 될 만한 것을 발견했냐고 묻는다. 매번 나의 답은 '노'였다. 내가 볼 때 여기에는 많은 이유가 있다. 무엇보다도 하워드는 늘 하나님을 중심에 모셨기에 끝까지 잘 마무리할 수 있었다. 그는 하나님을 중심에 모시는 일을 누구보다 잘했던 것이 분명하다.

최근, 목사들이 다음 사역지를 찾도록 돕는 일에서 최고의 전문가 중 한 명인 윌리엄 벤더블로멘William Vander-bloemen과 꽤 오랜 시간을 함께했다. 윌리엄이 내게 해준 말을 평생 잊지 못할 것이다. "도덕적으로 무너진 리더들은 하나같이 피곤에 지친 리더였다."[5] 그 말에 나는 한동안 말을 잊지 못했다. 우리는 '쉬라'고 하시는 하나님의 분명한 명령에 순종해야 한다. 예수님은 "안식일이 사람을 위하여 있는 것이요 사람이 안식일을 위하여 있는 것이 아니니"(막 2:27)라고 가르치셨다. 다시 말해, 쉼의 시간은 하나님이 또 다른 규칙으로서가 아니라 우리의 유

---

5 윌리엄 벤더블로멘, 2021년 10월 26일, 저자와 전화로 나눈 대화.

익을 위해 인류에게 주신 선물이다.

윌리엄 벤더블로멘은 중요한 것을 알고 있다. 자신을 돌보지 않아 방전되면 하나님이 부르신 사역에서 열매를 맺을 수 없다는 것이다. 우리는 자기 십자가를 지고 예수님을 따르도록 부름받았지, 일을 성취하기 위해 자신의 힘으로 죽을 때까지 노력하라는 명령을 받지 않았다. 이것은 어디까지나 그분의 일이다. 제자를 삼는 일과 과로는 엄연히 다르다. 안식일을 지키지 않는 것은 지혜롭지 않은 정도가 아니라 방전으로 가는 지름길이다. 하나님을 중심에 모심으로 그분께 영광을 돌릴 때 우리는 그분이 필요하다고 고백하는 것이다. 우리의 지혜와 창의력, 심지어 우리의 존재 자체도 그분에게서 온다는 사실을 알고서 그분 안에서 쉬는 것만큼 강력한 것은 없다. 하나님을 중심에 모시는 것이 열쇠다. 쉼으로 자신을 돌보는 것은 필수적이다.

다음 단계를 밟으라

앞서 말했듯이 하워드 헨드릭스는 때때로 우울증에 시달렸다.

진은 결혼 초기에 하워드가 녹초가 되어 돌아와 멍하

니 허공을 응시하던 모습을 기억한다. 당시에는 정서적, 정신적 건강에 관한 단어도 없었고 상담가도 없었다. 하워드가 살았던 시대에 사람들이 우울증을 다룬 방식은 지금과 사뭇 달랐다. 하지만 진은 하워드가 뭔가 잘못되었다는 것을 알았다고 말한다.

진은 이렇게 말했다. "남편은 자신이 우울해하는 이유에 관해서 질문을 던지기 시작했고, 우울증과 정면으로 맞서기로 결심했습니다. 그가 사용한 방법은 기도하고 에베소서 6장을 지침서로 활용하는 것이었어요." 진은 영적 전쟁에 관한 에베소서 6장 10-18절을 언급했다. 진은 하나님이 하워드의 가장 심한 증상들을 치유해주셨다고 믿었다. 우리는 치유를 믿는다. 그리고 우리는 하나님이 말씀 외에도 상담가와 약물 치료를 통해 도움을 주실 수 있다고 믿는다. 우리는 전문 상담가나 의사가 추천하는 수단들을 하나님에게서 온 지혜로 여겨 적극적으로 활용해야 한다.

하워드가 도움이 필요하다는 사실을 인식할 만큼 자기 자신을 잘 알았다는 사실이 놀랍다. 특히 자신의 감정에 관해서 이야기하는 것을 남자답지 못하게 여기던 당시로서는 그의 반응은 보기 드문 것이었다. 자기 관리의 열쇠 중 하나는 자신에게 도움이 필요하다는 사실을 알고 인정하는 것이다.

자기 관리를 위한 시간을 내면 정신적 건강을 돌보는 것뿐만 아니라 그 이상의 유익이 있다. 정신적 건강은 우리 삶의 다른 측면들에도 영향을 미치기 때문이다. 게리 채프먼의 설명을 들어보자.

> 정서적 건강, 정신적 건강, 영적 건강은 서로 분리되어 있지 않고 연결되어 있습니다. 그렇다고 서로 같은 것도 아닙니다. 그리스도와 좋은 관계를 누리는 사람도 우울증과 불안에 시달릴 수 있습니다. 일부 정신 질환은 몸과 뇌의 화학물질과 관련이 있습니다. 그런가 하면 우리가 경험한 것들과 관계가 있는 질환도 있습니다. 우리가 지닌 상처, 우리가 현재까지 치료하지 못한 상처가 원인일 수 있습니다. 우리는 모두 어느 정도 상처를 품고 있습니다. 상담가는 단순히 제삼자의 입장에서 우리의 말을 듣고 공감하며, 우리가 어디에서 왔고 현재 우리에게 무엇이 도움이 될지 파악해줄 수 있는 사람입니다.[6]

게리 채프먼은 도움을 구하는 것이 우리가 자신에게 해줄 수 있는 가장 좋은 일 중 하나라고 믿는다.

---

[6] 게리 채프먼, 2021년 5월 6일, 저자와 줌으로 나눈 대화.

다른 사람들을 잘 이끌려면 반드시 자신을 잘 관리해야 하고, 다음 단계로 무엇을 해야 할지 알아야 한다. 어려운 질문들에 답할 수 있는 겸손함이 있다면 더 좋은 리더가 될 뿐 아니라 경건한 리더가 될 수 있다. 하나님은 우리가 자신의 힘으로는 아무것도 할 수 없음을 알고 교만이 아닌 겸손한 마음으로 나아올 때 기뻐하신다.

/

자신을 잘 돌보고 있는가?
어떤 영역에서 변화가 필요한가?
당신이 나아가야 할 다음 단계는 무엇인가?

/

하나님은 더 많은 스타가 아니라
더 많은 종을 찾고 계신다.

_하워드 헨드릭스

6장.

험한 곳을 평탄하게

나의 고등학교 3학년 여름이 오기 전까지 가족의 비밀을 오랫동안 나만 몰랐다.

아버지와 어머니는 나를 앉혀놓고 나의 친아버지가 불과 얼마 떨어지지 않은 곳에 살고 있고 이제 나를 만나고 싶어 한다는 말을 전해주었다. 나를 키워주신 아버지 모세스 음와우라Moses Mwaura는 이 상황을 반기지 않았다. 아버지의 목소리에서 걱정이 느껴졌다. 내가 친아버지를 만나고 나면 내가 '아빠'로 알았던 자신을 멀리하지 않을까? 나를 키워준 자신을 떠나지 않을까? 물론 그럴 일은 없었다.

나는 친아버지라는 남자를 알려고 시도했지만, 그는 매번 나를 거부하고 무시했다. 심지어 그는 내게 이렇게 말했다. "너를 나의 다른 자식들처럼 사랑하지 않아." 그 말은 고통 그 이상이었다. 그 말에 나는 더 큰 거부감과 두려움의 어두운 터널로 빨려 들어갔다. 그때가 내 인생에서 가장 힘든 시기였다. 하나님의 은혜가 아니면 이겨 내지 못했을 것이다.

자아가 한창 형성되던 그 시기에 심한 거부를 당한 나는 깊은 자기 의심에 시달렸다. 나만 빼고 내 주변의 모든 사람이 나의 과거를 알았다는 사실에 큰 충격을 받았다. 그로 인한 학습 장애와 검사로도 나오지 않는 ADHD 문제는 대학 시절 내내 나를 괴롭혔고, 급기야 두려움과 거부감이라는 쌍둥이 괴물로 발전했다. 두 놈은 끊임없이 나를 괴롭혔다.

내가 왜 이런 이야기를 하는 것일까? 하워드와 나는 서로 다른 장소와 시대, 환경에서 자랐지만, 둘 다 어릴 적에 발달을 저해하는 심각한 문제들과 씨름했다. 혹시 당신도 그런가? 당신이 직접 그런 경험을 하지 않았더라도 주변의 친구나, 당신이 사역을 통해 섬기는 사람 중 그런 사람이 분명 있을 것이다.

이것이 우리가 망가진 상황에서도 하나님이 어떤 역사를 행하실 수 있는지를 내가 분명히 아는 이유다. 하나님은 하워드 헨드릭스의 삶에서 행하셨던 역사를 얼마든지 다시 행하실 수 있다.

사람들을 잘 이끌고 그들에게 영향을 미치려면 진정

성이 있고 솔직해야 한다. 진정성과 솔직함이 있을 때 우리는 사람들을 더 효과적으로 사랑하고 섬길 수 있는 리더가 될 수 있다.

왜 우리 자신을 솔직하게 드러낼 때 사람들을 잘 사랑하고 섬길 수 있게 되는가? 하나님이 우리를 현재의 모습으로 빚어가고 변화시키신 과정을 좋은 이야기와 나쁜 이야기, 심지어 추악한 이야기까지 솔직히 털어놓으면 다른 사람들과 깊이 연결될 수 있다. 이것은 리더십 기술이 아니다. 이것은 리더를 자신이 이끄는 사람들과 진정으로 연결해주는 삶의 원칙이다. 이렇게 해본 적이 없다면 먼저 자신의 개인적인 이야기를 써보라. 그렇게 하면 먼저 자신에게 도움이 된다. 자신을 더 잘 이해할 수 있다. 나아가, 당신이 사랑하고 이끌도록 부름받은 사람들에게 도움이 된다. 오늘 우리가 사는 문화에서는 먼저 사람들이 우리의 이야기를 알지 않으면 그들에게 영향을 미치기가 힘들다.

복잡하고 헝클어진 상황에서

하워드의 어머니는 그를 원하지 않았다. 하워드는 어머니가 다른 가족에게 대공황 시대에 아이를 키우는 일이 얼마나 힘든지 모른다고 푸념하는 소리를 엿듣고서 이 쓰디쓴 진실을 알게 되었다.

당신을 낳은 어머니가 당신이 원치 않은 아이였다고 말하는 것을 듣는다고 상상해보라. 하워드는 이 거부의 침을 맞고 견딜 수 없는 고통을 느꼈을 것이다. 그리고 그 고통이 우울증과의 오랜 싸움으로 표출되었을 것이다.

혹시 당신도 하워드처럼 두려움과 거부, 버림받은 아픔의 길을 걸어왔는가? 그렇다면 당신만 그런 것이 아니라는 사실을 알기를 바란다. 하나님은 당신 삶의 망가진 부분을 사용하셔서 당신을 이 망가진 세상을 바로잡을 위대한 리더로 만드실 수 있다. 하나님은 아무리 망가진 것도 그분의 영광과 목적을 위해 사용하실 수 있다. 하나님이 사용하실 수 없는 것은 없다.

"나는 그 말을 하나도 믿지 않는다"

나는 뜻밖의 전화 통화를 좋아한다. 특히, 앞서 짧게 소개했던 필 터틀 같은 사람의 전화라면 더욱 그렇다. 필은 전국을 다니며 강연하는데, 어느 토요일 아침 내게 전화를 걸어 한 콘퍼런스에서 강연하던 중 어린 시절 하워드 헨드릭스를 가르쳤던 여자 선생님의 손녀인 그레이스 헤임스Grace Haymes를 만났다고 말했다. 나는 기쁜 마음으로 그레이스를 진 헨드릭스에게 연결해주었다.

앞서 말했듯이 하워드는 어머니가 원치 않는 아이로 태어나 할머니 코라Cora의 손에 길러졌다. 어머니가 하워드를 키울 수 없게 되자 그때부터 할머니가 그를 키우기 시작했다. 천국에 가면 하워드의 할머니 코라를 꼭 만나보고 싶다. 꼭 그럴 필요가 없는데도 손자를 맡아 키우는 것은 아무나 할 수 있는 일이 아니다. 진은 하워드가 할머니에게 차마 이야기할 수 없었던 극심한 열등감을 털어놓았던 순간을 회상했다. 자신이 무가치하다는 생각이 견딜 수 없이 심하게 밀려올 때면 하워드는 뒷마당으로 달려가 반려견 에스키모와 함께 펑펑 울었다.

하워드는 학교에서도 말썽을 피웠다. 노에Noe 선생님의 반에 들어가기 전 그는 다루기 힘든 아이로 소문이 나 있었다. 한 선생님은 그가 교실 안에서 마음대로 돌아다니지 못하도록 의자에 묶기까지 했다. 그는 학교에서 말썽쟁이요 장난꾸러기로 유명했다. 그는 변화가 필요했다. 노에 선생님을 만나지 못했다면 그는 나쁜 길로 빠졌을지도 모른다. 진은 그레이스와 나에게 노에 선생님이 하워드의 인생을 바꿔놓기 위한 하나님의 도구였다고 말했다. 노에 선생님의 보살핌과 지도 덕분에 하워드의 삶은 좋은 쪽으로 바뀌었다. 그리고 그 선한 영향은 우리에게까지 이어지고 있다.

나는 하워드가 노에 선생님을 만나지 않았다면 어떻게 되었을까 하는 생각을 자주 했다. 손녀 그레이스 헤임스는 진에게 노에 선생님도 나름의 문제와 아픔을 안고 있었다고 귀띔했다. 노에 선생님이 자신의 열등감과 아픔에 매몰되어 어린 하워드 같은 학생들에게 다가가지 않았다면 어떻게 되었을까? 하지만 노에 선생님은 변화를 끌어내는 일에 하나님께 쓰임받기로 선택했다. 하워드 말고도 하나님이 망가진 두 사람을 통해 아름다운 뭔가를 만들어내신 일은 헤아릴 수 없이 많다.[1]

자주 회자되는 한 일화에 따르면 노에 선생님은 "너에 관해서 많이 들었단다"라는 말로 하워드를 맞았다. 하워드로서는 예상했던 말이었다. 노에 선생님은 하워드가 얼마나 말썽쟁이인지 익히 들어서 알고 있었다. 하지만 그다음 말은 예상 밖이었다. "그런데 나는 그 말을 하나도 믿지 않는다." 더없이 지혜롭고도 상대방을 자유롭게 해주는 이 말로 인해 하워드는 자신이 나쁜 평판에 갇히지 않고 새로운 출발을 할 수 있다는 희망을 품게 되었다.

---

1 그레이스 헤임스, 2021년 9월 26일, 저자와 줌으로 나눈 대화.

천국에 가면 이 놀라운 여인도 만나고 싶다. 맡은 일만 하지 않고 거기서 한 걸음 더 나아갔던 여인. 하나님이 당신에게 맡겨진 일에만 머물지 말고 누군가에게 조금 더 투자하라고 하실 때가 올 것이다. 그 사람이 누구일까 고민해본 적이 있는가?

/

당신의 삶에서 누가 당신에게 영향을 미쳤는가?
이제 하나님이 당신에게 누구를 가르치고
멘토링하라고 말씀하고 계신가?
누구에게 나쁜 평판을 딛고 일어설 기회를 줄 수 있을까?
누구에게 "너에 관해서 많이 들었다.
하지만 나는 그 말을 하나도 믿지 않는다"라고
말해줄 수 있을까?

/

험한 곳을 평탄케 하라

"내가 너보다 앞서 가서 험한 곳을 평탄하게 하며"(사 45:2).

나는 하워드가 사람들에게 자신을 그토록 아낌없이 내어준 이유 중 하나가 누구보다도 할머니와 노에 선생님을 잘 본받은 것이라고 생각한다. 하워드는 할머니와 노에 선생님의 본을 따라 만나는 모든 사람에게 자신을 온전히 쏟아부었다. 하워드의 어린 시절에 관해서는 기본적인 사실 외에 알려진 바가 없지만, 그가 어려웠던 어린 시절에 자신의 환경을 돌아보고 하나님이 행하실 일을 기대하기 시작했던 순간이 분명 있었다.

하워드는 할머니에게 영향을 주었던 목사님의 인도로 아홉 살 때 그리스도를 영접했고, 열여덟 살에 또 다른 일생일대의 결심을 했다. 그것은 목회의 소명을 받아들이기로 결심한 것이다. 진에 따르면, 하워드는 특히 목회의 소명을 느끼기 시작하면서 믿음이 더욱 확고해졌다고 한다. "남편이 목회를 결심할 때 하나님이 역사하셨습니다." 나도 그런 경험을 했다. 할머니의 방에서 하나님이 나를 목회로 부르셨다고 가족에게 말했던 순간이 기억난다. 하워드에게는 목회의 길을 시작하는 데 도움이나 조언을 줄 수 있는 사람이 아무도 없었다.

진은 하워드가 목사가 되고 싶다는 소식을 듣고서 그의 아버지가 노발대발했다고 말했다. 특히 불우한 가정환경에서는 그 불우함이 우리가 어떤 일을 하고 어떤 사람이 될지에 막대한 영향을 끼칠 수 있다. 어린 시절의 망가진 가정환경은 큰 트라우마로 자리 잡을 수 있다. 많은 사람이 불우한 가정환경으로 인해 삶의 희망을 버렸다. 하워드가 받은 목회의 소명을 설명해줄 만한 외적인 이유는 전혀 없다. 이 슬픔과 복잡한 사연, 부정적인 감정의 한복판에서도 18세의 하워드는 목회를 향해 한 걸음을 내디뎠다. 표면적으로만 보면 그가 목회의 길을 걷는다는 것은 있을 수 없는 일이었다. 우리 집에서 자주 사용하는 표현 중에 "하지만 하나님"이라는 말이 있다. 하워드의 소명은 기적 자체였다. 그의 어린 시절은 망가짐으로 가득했다. 희망을 품을 이유도 거의 없었다. '하지만 하나님'이 개입하셨다. 혹시 다음 구절이 이야기하는 하나님의 역사가 당신의 삶에도 나타났는가?

> "내가 너보다 앞서 가서 험한 곳을 평탄하게 하며 놋문을 쳐서 부수며 쇠빗장을 꺾고 네게 흑암 중의 보화와 은밀한 곳에 숨은 재물을 주어 네 이름을 부르는 자가 나 여호와 이스라엘의 하나님인 줄을 네가 알게 하리라"(사 45:2-3).

영어 성경 흠정역King James Version은 "험한 곳을 평탄하게 하며"를 "굽은 곳을 곧게 펴며"라는 아름다운 언어로 표현한다. 이곳은 울퉁불퉁한 곳이다. 비유적인 의미에서는 하나님의 길에서 벗어나 교만과 이기주의가 가득한 삶을 말한다. "굽은 곳"에 해당하는 히브리어는 '부정하게 공을 가로채는 사람'을 가리킨다. 칠십인역에서 헬라어는 '스콜리오스skolios'로, 비뚤어지거나 악하거나 굽은 것을 의미한다.[2] 이사야 선지자는 하나님이 우리보다 앞서 가셔서 상황을 바로잡으시고 장애물을 제거하실 것이라고 선포했다. 인간의 노력은 오직 하나님만 고치실 수 있는 문제를 악화시키기만 했다.

이 구절은 하나님이 그분의 뜻을 이루시기 위해 필요한 일은 뭐든 하실 수 있고, 하실 의지가 있으시다는 사실을 보여준다. 하나님은 우리의 망가진 어린 시절과 그로 인해 우리 안에 형성된 형클어진 내적 실타래를 포함해서 굽은 곳들을 곧게 펴주신다. 하나님은 우리를 부르신 곳으로 이끄시려고 심지어 그런 경험을 구속해 주신다.

바로 이것이 하나님이 하워드의 삶에서 행하신 일이다. 인생의 모든 것이 하워드를 방해하는 것처럼 보였지만, 하나님이 개입하셔서 그의 굽은 길을 곧게 펴주셨다. 하나님은 그분의 영광을 위해 그의 삶의 방향을 바꾸어

---

2 "Lexicon: Strong's G4646 *skolios*," Blue Letter Bible, https://www.blueletterbible.org/lexicon/g4646/kjv/tr/0-1/.

주셨다. 하나님은 당신과 나의 삶에도 그런 일을 행하셨고, 지금도 계속해서 행하고 계신다. 하워드의 삶과 같은 극단적인 사례를 볼 때 동일한 구속의 역사가 우리 삶에서 더 미묘하게 일어날 수 있음을 깨닫게 된다.

진 게츠에게 듣다

많은 세월이 지났지만, 진 게츠는 하워드를 만난 일과 이후 댈러스 신학교로 오기까지 깊이 고심했던 일을 지금도 생생히 기억하고 있다. "뒷이야기를 좀 해보면, 당시 나는 무디 성경 학교의 젊은 교수였습니다. 한참 전 이야기로, 1950년대 말과 1960년대 초였습니다. 나는 기독교 교육을 가르치는 교수였어요. 하워드와 나는 둘 다 당시 미국 주일학교 협회 연구 위원회Research Commission of the National Sunday School Association라 불리던 단체에 참여하고 있었습니다. 이 단체는 미국 복음주의 협회National Association of Evangelicals 소속이었습니다. 이 단체는 매년 모임을 가졌고, 거기서 처음 하워드를 소개받았습니다." 하워드는 댈러스 신학교 학과장으로서 이 위원회에 참여했고, 게츠는 무디 신학교 학과장이었다. "하워드가 그 위원회의 회장 역할을 감당하는 모습이 매우 인상적이었습니다." 진 게츠는 그렇게 덧붙였다.

　나중에 진 게츠는 하워드의 임기가 끝난 뒤에 그 위원회의 회장으로 선출되었다. 그는 하워드와 함께 위원회를 섬기면서 싹튼 둘 사이의 우정을 진심에서 우러나온 진정한 우정으로 묘사했다. 이 책에서 내가 인터뷰한 다른 사람들은 주로 하워드의 제자였다가 동료가 된 케이스였지만, 게츠는 처음부터 하워드와 동료 관계였다. 그래서인지 다른 사람들과 달리 그에게 하워드는 단순히 거인 같은 존재만은 아니었다. 그는 하워드와 가까이서 협력하기 시작하면서 둘 사이의 관계가 어떻게 막역해졌는지를 내게 말해주었다.

　"전화벨이 울려서 받아보니 하워드였습니다. 그는 이렇게 말했어요. '게츠 교수님, 댈러스 신학교로 오셔서 제 부교수로 수고를 좀 해주셨으면 좋겠습니다. 저는 1년간 안식년을 가지려고 합니다. 그동안 교수님이 저희 과를 맡아주십시오. 그리고 제가 돌아오면 제 부교수로 계속 이곳에 남아주셨으면 합니다.' 결정을 내리기가 힘들었습니다. 당시 무디 성경 학교는 저의 일부와도 같았기 때문입니다." 게츠는 자신이 무디 성경 학교를 얼마나 사랑하며 하나님이 어떤 놀라운 과정을 통해 자신을 그곳으로 부르셨는지를 이야기했다. 더군다나 게츠는 댈러스 신학교를 대학원생으로 다닌 적도 없었다. 그는 댈러스 신학교의 자리를 받아들이는 것을 미지의 세계로 들어가는 것으로 여겼다. 또한 그것은 그 당시 가장 영향력 있는 교수 중 한 명의 직무를 이어받는 것이었다. 그에 반해 자신은 교수로서 이제 막 경력을 쌓기 시작한 풋내기였다. 게츠에게 그것은 큰 믿음의 도약이었고, 그 경험은 그에게 수많은 교훈을 주었다.

"댈러스 신학교는 그곳 출신이 아닌, 참신한 시각을 더해줄 수 있는 외부 인사를 영입하고자 했습니다." 게츠는 그렇게 말했다. 그는 영광으로 생각하면서도 그 제안을 진지하게 받아들이지 않았다. 그러다 그는 "댈러스 신학교 총장 존 월부어드John Walvoord의 전화를 받게 되었습니다. 그는 이렇게 말했어요. '게츠 교수님, 일단 한번 오셔서 학교를 보시고 결정하시지요.' 그때 이렇게 대답했던 기억이 납니다. '귀 학교의 돈을 허비하고 싶지 않습니다.' 그때 총장은 이렇게 대답했습니다. '교수님은 저희 돈을 허비하시지 않을 겁니다.' 제 아내는 댈러스 신학교 쪽으로 마음이 많이 기울어 있었습니다. 결론만 이야기하자면, 사흘 만에 저는 그 초빙을 받아들이기로 마음을 굳혔습니다." 그러고 나서 짧은 시간에 "우리 부부는 적절한 땅을 찾고 건축가를 섭외해서 집을 지었습니다."

그렇게 진 게츠는 댈러스 신학교로 옮기게 되었다. 그 곳에서 교수로 섬긴 일은 그의 경력에서 가장 보람차면서도 가장 힘든 일이었다.

진 게츠는 이렇게 말했다. "저는 두 가지 큰 도전 속으로 들어가고 있었습니다. 두 가지가 정말 힘들었어요. 첫째, 하워드는 캠퍼스에서 가장 재미있고 역동적인 교수였습니다. 저는 그런 인물의 직무를 이어받게 된 것이지요. 둘째, 제가 성격이 완전히 다르다는 이유로 큰 기대를 한몸에 받고 있었습니다. 다행히 학생들은 호의적이었어요. 덕분에 저는 그 해를 무사히 넘겼습니다. 그러고 나서 하워드가 돌아왔어요. 이제 저는 그의 부교수가되어 그와 협력하게 될 것이라 생각했습니다."

진 게츠가 격동의 시대인 1960년대에 댈러스 신학교에 입성했을 때 신학 교육과 전반적인 문화에서 큰 변화가 일어나고 있었다. 진 게츠와 하워드 헨드릭스는 전쟁과 인종주의를 비롯한 당시 여러 이슈에서 비롯한 사회적 변화를 다루었다. 두 사람은 학생들을 이끌고 그런 유례없는 문화적 변화를 헤쳐 나가는 법을 배워갔다.

진 게츠는 이렇게 설명했다. "그해는 1968년이었습니다. 당시는 베트남 전쟁, 워싱턴으로 행진하는 학생들, '전쟁 말고 사랑을 하라make-love-not-war'라고 쓴 플래카드들, 자유 언론 운동free speech movement, 네 학생이 총에 맞아 죽은 켄트 주립대학 사건이 일어난 시대였습니다. 그러니까 좋지 않은 시대였어요. 그 시대를 생각하면 지금 일어나는 일들이 떠오릅니다. 이 모든 일은 교회에 영향을 미치고 있었습니다. 당시 상황을 한마디로 요약하자면 반제도주의anti-institutionalism라고 할 수 있었기 때문이에요." 게츠는 문화의 복잡성을 헤쳐 나가는 동시에 하워드와 협력 관계를 구축하느라 진땀을 빼고 있었다. 둘 다 보통 힘든 일이 아니었다.

당시 댈러스 신학교에서는 하워드와 함께 일하는 것이 힘든 일이라는 것을 다들 알고 있었다. 게츠는 그 격변의 시대에 하워드에게 같이 협력하자고 부탁했던 일을 똑똑히 기억한다.

"당시 우리는 둘 다 다양한 방식을 시도하면서 배워 가고 있었습니다. 저는 학생들을 가르치는 방식을 완전히 뜯어고쳤습니다." 게츠는 하워드가 수년 동안 가르쳐 온 방식에 변화를 제안했을 때 그가 '마음을 열고' 귀를 기울였다고 말했다. "하지만 입장을 바꿔서 저라도 누군가가 갑자기 나타나 강의의 범위를 넓히고 신학적인 면을 강화하는 쪽으로 방향을 확 틀어버리면 꽤 곤란할 겁니다. 실제로 하워드는 어느 정도 불편해하는 눈치였습니다. 그래서 저는 그를 찾아가 '팀을 이루어서 함께 가르치면 어떨까요?'라고 물었습니다. 그러자 그는 이렇게 대답했습니다. '그냥 이대로가 좋겠어요. 교수님은 듀엣을 좋아할지 몰라도 저는 솔리스트이거든요.'"

하워드는 댈러스 신학교에 왔을 때 학생들을 가르치기 위해 다른 사람들과 협력해야 할 필요성을 느낀 적이 없었다. 그런 일에서 다른 사람들과 협력하는 것은 그의 기질과 맞지 않았다. 때로 그가 협력하기 힘든 사람이었다는 데 대해서 대신 변명해주려는 것은 전혀 아니다. 단지 그의 솔리스트 기질이 어디서 왔는지에 관한 단서들을 제공하고 싶을 뿐이다. 그는 기독교 교육을 가르치는 유일한 교수였고, 거의 혼자서 교육 프로그램을 구축하여 후대를 위한 틀을 마련한 매우 독립적인 인물이었다. 그는 개척자요 선구자였다. 그가 무뚝뚝한 반응을 보인 것은 좀 그렇지만, 그는 단지 기질적으로 이런 협력이 익숙하지 않았던 것인지도 모른다. 당시 팀을 이룬 강의법은 혁신적인 개념이었다. 그런 면에서 진 게츠도 개척자였다.

스타가 아닌 종으로

솔리스트 하워드는 스포트라이트를 받으려고 노력하지 않았다. 그는 명성을 떨치고 있었지만, 관심의 중심에 서는 것을 최대한 피했다. 이런 이유로 나는 하워드 본인의 상세한 전기를 제시하기보다는 그가 영향을 미친 사람들에게서 배울 수 있는 리더십 원칙들에 집중하고자 했다. 많은 사람이 SNS를 사용하여 스포트라이트를 받으려고 애쓰는 세상에서 스타가 되려는 것이 아니라 뒤에서 영향력을 미치는 역할에 만족하는 사람을 보는 것은 신선한 충격이다. 그는 오로지 하나님만 섬기는 데 마음을 집중했다. 아픈 과거로 인해 여러 문제를 안고 살면서도 그의 마음은 온전히 하나님을 향해 있었다.

진은 남편을 깊이 사랑하고 존경했다고 말한다. 하워드는 말년에 건강 문제로 강단에 좀처럼 설 수 없었다. 가르치는 일을 그토록 사랑했던 그로서는 매우 안타까운 일이었다. 그런데 그런 상황에서 그는 아내에게 놀라운 말을 했다. 진에 따르면 하워드는 그녀를 지그시 쳐다보며 "당신은 나를 진정으로 사랑해주었소"라고 말했다. 인생은 그에게 수많은 커브볼을 던졌다. 어린 시절은 특히 힘들었다. 그래서 아내처럼 자신을 그토록 깊이 사랑해주는 사람이 있다는 것이 그에게는 더없이 큰 의미로 다가왔다. 자신이 사랑을 받아왔다는 사실을 아는 것은 너무도 중요하다. 아내의 사랑은 하워드의 굽은 길을 곧게 펴기 위한 하나님의 방법 중 하나였다.

하워드 헨드릭스의 삶을 통해 우리는 우리가 걸어온 길이 아무리 굽었다 해도 우리 삶을 하나님께 드리면 그분이 그 길을 곧게 펴심으로 영광을 받으실 것이라는 사실을 배울 수 있다.

당신 삶의 어떤 굽은 길을
하나님이 곧게 펴주셨는가?

교사의 진정한 기능은 스스로 학습할 수 있는
가장 적합한 환경을 조성해주는 것이다.
진정한 가르침은 지식을 전해주는 것이 아니라
학생들이 지식을 습득하도록 격려하는 것이다.[1]

_하워드 헨드릭스

7장.

잘 들으라

하워드 헨드릭스의 삶과 영향에 관해 조사하기 시작했을 때 모든 대화에서 끊임없이 나온 한 가지 특성이 있었다. 그것은 하워드가 늘 듣는 귀를 빌려주었다는 것이다. 하워드는 강의가 끝나면 학생들의 말에 귀를 기울였고, 자신이 연사로 서는 강연회에 학생들을 데려가 말할 기회를 주기도 했다.

1 Howard G. Hendricks, *Teaching to Change Lives: Seven Proven Ways to Make Your Teaching Come Alive* (Colorado Springs: Multnomah, 2011), 54. (『삶을 변화시키는 가르침』 생명의말씀사)

경청의 기술

하워드는 가만히 들어줄 줄 아는 사람이었다. 그의 성격으로 보았을 때 이는 다소 특이한 일이다. 하워드처럼 큰 비전을 품은 저명한 사상가가 가만히 앉아서 사람들의 필요에 귀를 기울이는 것은 보기 드문 일이다.

나는 하워드에 관해서 스무 명이 넘는 리더를 인터뷰했다. 그런데 그들은 모두 하워드가 자신의 이야기를 끝까지 조용히 듣고 나서 조언해주었던 모습을 기억하고 있었다. 이번 장에서 그들의 이야기 몇 개를 소개하고자 한다.

많은 사람이 예수님이 풍랑을 잠잠케 하신 복음서들의 이야기를 알 것이다(예를 들어, 막 4:35-41). 이것은 신약에서 예수님이 강한 능력을 보이신 사건 중 하나다. 예수님의 능력은 말 한마디로 거친 풍랑을 잠재우실 만큼 강하다. 하워드에게 영향을 받은 사람 중 많은 이가 신학생 시절에 그를 만났다. 아무 신학생에게나(아니, 아무 청년에게나) 물어보면 그 시기가 거친 풍랑과 같은 불확실성과 고난으로 가득한 시기라고 대답할 것이다. 재정과 커리어 문제나 관계, 혹은 단순히 삶의 의무들 사이에 적절한 균형을 이루는 것까지 어느 것 하나 쉽지 않은 시기다. 교회 일과 가정을 둘 다 잘 챙기려면 여간 힘들지 않다. 나를 가르친 신학교 교수 중 한 명은 신학교를 무사히 마치면 어디서든 버틸 수 있다는 말까지 했다. 가장 큰 풍랑 속에서 버티려고 고군분투하던 시기에 하워드를 만난 사람이 많았다.

예수님이 풍랑을 잠잠하게 하신 사건에 관한 마가의 기록을 보면 흥미로운 문장 하나가 나타난다. "다른 배들도 함께 하더니"(막 4:36). 다른 배들에 누가 있었을지 궁금해한 적이 있는가? 더 중요한 질문은 이것이다. 그들은 바람이 멈추는 것을 보고 무슨 생각을 했을까? 천국에 가기 전까지는 답을 알 수 없겠지만, 이 질문은 또 다른 질문으로 나를 이끈다. 하워드가 학생들과 대화하면서 경청하는 귀로 그들 삶 속에 불어닥친 풍랑을 잠재운 적이 얼마나 많았을까? 그들은 사소해 보이는 이 대화 덕분에 나중에 건강한 사역자가 될 수 있었다. 칩 잉그램 Chip Ingram도 하워드의 경청하는 귀 덕분에 좋은 쪽으로 변화된 사람 중 한 명이다. 이번 장의 뒤에서 그의 이야기를 살펴보기로 하자.

경청하는 귀는 놀라운 문제 해결자다. 경청하는 귀 앞에서 답답한 속을 털어놓기만 해도 우리의 문제를 정확히 파악할 뿐 아니라 겸손한 마음으로 지혜를 받아들일 수 있게 된다. 하워드가 경청하기 위해 밟았던 실질적인 단계들을 살펴보자. 이 단계들을 살피고 나면 경청을 우선시하는 리더가 되는 법을 알 수 있을 것이다.

우리가 사는 문화와 세상에서는 소음을 차단하고 가

만히 하나님의 음성에 귀를 기울이기가 쉽지 않다. 온갖 정보가 사방에서 쏟아지는 세상 속에서 가만히 앉아 귀 기울이는 것은 보통 힘든 일이 아니다. 경청은 바쁜 리더들에게서 흔히 볼 수 있는 특성이 아니다. 하지만 경청하는 귀를 가지면 사역을 더욱 효과적으로 할 수 있다.

다른 사람들의 말에 경청하는 사람이 되기 전에 먼저 하나님의 말씀에 귀 기울이는 삶을 살아야 한다. 다른 사람들의 말에 경청하는 사람은 시간을 내서 하나님의 말씀에 귀 기울이는 사람일 가능성이 높다. 잠언 1장 5절은 이렇게 말한다. "지혜 있는 자는 듣고." 잘 듣는 사람이 되기 위한 몇 가지 단계를 차례로 살펴보자.

사랑으로 경청하라

사랑으로 경청하는 것은 너무도 당연한 말이라 언급할 필요도 없다고 생각할지 모르겠다. 하지만 우리가 이미 그렇게 하고 있다면 세상이 얼마나 다를지 생각해보라. 교회들은 제자들을 키우고, 오늘날 사방에 만연한 외로움이라는 병은 없을 것이다. 그러나 우리는 사역에 바빠서 너무도 쉽게 중요한 것을 망각한다. 중요한 것은 바로 하나님과 그분의 백성을 사랑하는 것이다.

『바운더리Boundaries』의 저자인 비즈니스 컨설턴트 존 타운센드John Townsend는 하워드가 어떤 식으로 경청에 사랑을 적용했는지를 이렇게 설명했다. "교수님은 다른 무엇보다도 대화하고 있는 상대방에 관해 이야기하기를 원했습니다."[2] 존은 자신의 경험을 토대로 말한 것이지만, 나는 하워드에 관해 인터뷰한 다른 사람들에게서도 비슷한 주장을 들었다. 하워드는 당시 가르치고 있는 학생들과 옛 학생들의 삶에 관해 듣는 것을 좋아했다. 그는 자신의 관심사에 관해 이야기하기보다는 학생들이 어떻게 지내는지를 알고 싶어 했다.

존 타운센드는 하워드가 얼마나 경청을 잘했는지 회상하면서 감상에 젖는 기색이 역력했다. "감정이 북받쳐 오르네요. 제가 항상 기억하는 두 가지가 있습니다. 하나는 그분이 경청을 정말 잘하는 사람이었다는 것입니다. 그분은 하나님이 상대방의 삶에서 어떤 일을 행하고 계신지 알기 위해 상대방의 마음 깊은 곳을 살필 수 있는 질문을 던질 줄 알았어요. 한마디로 그분은 경청하는 능력이 놀라운 사람이었습니다."

문득 격언이 하나 떠올랐다. "사람들은 우리가 무슨 말을 했는지보다 우리가 어떤 기분을 느끼게 했는지를 기억할 것이다." 하워드는 존에게 사랑과 관심을 받는 기분을 선사했다. 이제 두 번째 단계를 살펴보자.

2 존 타운센드, 2021년 8월 13일, 저자와 줌으로 나눈 대화.

겸손한 마음으로 경청하라

존 타운센드는 하워드가 채플 시간에 한 주제로 메시지를 전한 뒤 일부 학생과 의견 충돌이 일어났던 순간을 회상했다. 2년 뒤 존은 신학교에서 한 친구를 만나 놀라운 이야기를 듣게 되었다(존은 당시 학교를 졸업한 상태였다). 그 친구는 하워드가 채플 시간에 자리에서 일어나 2년 전 자신이 했던 말이 틀렸음을 인정했다는 말을 전해주었다. 진실을 받아들이는 사람이 숨은 보석과도 같은 이 문화 속에서 하워드는 심지어 학생의 의견까지도 진심으로 받아들이는 겸손한 사람이었다. 잘 경청하는 것도 어렵지만, 주변 사람들의 말을 잘 경청한 뒤에 자신이 틀렸다고 인정하는 것은 더더욱 어렵다. 물론 진정한 리더는 모든 비판에 다 굴복하지 않는다. 하지만 진정한 리더는 잘 경청한 뒤에 그 비판에 관해 깊이 고민하고 나서 필요한 경우 자신의 잘못을 인정할 줄 안다. 그럴 때가 리더의 인품이 가장 빛나는 순간이다.

"하워드는 정말 겸손했습니다." 존은 그렇게 말했다. 내가 하워드에 관해 조사한 내용을 살펴보면 계속해서 겸손이 나타난다. 그가 보여준 겸손은 볼수록 놀랍다. 하워드는 복잡한 인물이면서도 늘 잘못을 인정할 줄 아는 사람이었다. 솔직하고 겸손한 마음으로 다른 사람들의 말을 경청하면 우리도 그렇게 될 수 있다.

호기심을 품고 경청하라

경청할 때 호기심은 겸손과 깊은 연관이 있다. 호기심을 품고 듣는 것은 상대방의 말에 겸손히 초점을 맞추는 것이다. 하워드는 리더로서 늘 호기심을 보였다. 진은 하워드가 어떤 프로젝트를 추진하기로 결정하든 먼저 사람들의 말에 귀를 기울였다고 말한다. 그는 호기심을 품고 경청했기에 옳은 결정을 내릴 수 있었다.

존은 이렇게 말했다. "교수님은 자신에 관한 이야기를 즐겨하지 않았습니다. 그는 자신이 하고 있는 온갖 위대한 일에 관해서 자랑하지 않았습니다. 그는 자신이 슈퍼스타라는 사실을 내세우는 것보다 저에게 더 관심이 있었습니다. 그때마다 저는 깊이 감명받았고, 그 모습을 본받으려고 노력했습니다." 하워드에 관한 자료를 수집할수록 그가 주변 사람들에게 깊이 관심을 두었다는 사실이 더 분명해졌다. 그를 움직인 것은 주변 사람들에 대한 호기심이었다. 그것은 정말 훌륭한 특성이었다.

영적 통찰을 갖고 경청하라

영적 통찰과 분별력을 갖춘 '듣는 이listener'는 이렇게 묻는다. "이 사람이 어떤 영적 욕구를 표현하고 있는가?" 이 점을 염두에 두고서 들으면 우리가 이끄는 사람들의 마음속에 무엇이 있는지에 더 귀를 기울일 수 있다. 그들의 인격을 더 잘 분간할 수 있다.

존 타운센드는 하워드에게 배우고 그를 만나면서 그리스도를 닮은 그의 모습을 보았다. "그는 제 일과 리더십보다 제 인격에 특별한 영향을 미쳤습니다. 그는 제 리더십 능력보다 제 인격에 더 큰 영향을 미쳤다고 말할 수 있습니다. 인격의 성장이야말로 제가 늘 원했던 것입니다. 저는 말씀의 사람이 되고 싶었습니다. 하나님과 그분의 말씀에 연결되는 것이야말로 가장 중요한 것이기 때문입니다." 하워드의 삶을 보면 인격적으로 성숙한 사람과 하나님의 말씀을 사랑하는 사람이 되는 것이 삶의 중심이었다. 강의실 안에서나 밖에서나 그는 학생들과 제자들이 하나님의 말씀 위에 굳게 서도록 돕는 데 삶을 집중했다. 성경에서 예수님의 삶을 보면 반응하기 전에 잘 경청하는 것이 얼마나 중요한지를 볼 수 있다.

/

주변 사람 중 누가 당신에게 안전함을 느끼게 해주는가?
어떤 면에서 그러한가?
당신은 주변 사람 중 누구에게 안전한 느낌을 주는가?

/

자신의 능력 안에서 경청하라

누구보다 삶의 일정이 꽉 찼던 사람이 있다면 그분은 바로 예수님이실 것이다. 주권적이시고 모든 것을 아시는 하나님은 인간의 경청 능력을 분명히 알고 계셨고, 그에 맞게 사역하셨다. 누가복음은 이렇게 말한다. "수많은 무리가 말씀도 듣고 자기 병도 고침을 받고자 하여 모여 오되 예수는 물러가사 한적한 곳에서 기도하시니라"(눅 5:15-16). 심지어 하나님의 아들도 온전한 인간으로서 자신의 경계를 정하고 지키셨다.

리더는 일은 너무 많이 하는 반면, 듣기는 너무 적게 하는 경향이 있다. 멈춰 서서 경청하다 보면 우리가 대응할 필요가 없는 문제도 발견하게 된다. 내가 하워드에게서 본 중요한 본보기 중 하나는 다른 사람의 말을 들을 때 반응을 간단하게 했다는 것이다. 반응을 간단하게 하면 상대방이 말할 때 머릿속으로 답을 생각하지 않고 듣는 데만 집중할 수 있다. 그렇지 않으면 경청하는 데 집중할 수 없다. 하워드의 뛰어난 경청 기술 덕분에 많은 차세대 리더가 심지어 졸업한 뒤에도 그와 시간을 보내고 싶어 했다. 옛 제자들은 그와 점심식사를 하기 위해 댈러스를 찾곤 했다. 하워드가 생전에 끼친 영향 때문에 최근에도 필 터틀 부부는 댈러스로 찾아가 진 헨드릭스와 시간을 보냈다. 잘 경청하면 사람들이 우리 곁에 있고 싶어 한다.

바운더리가 중요하다

진 헨드릭스에 따르면 하워드는 일단 집에 오면 신학
교와 사역에 관한 문제들은 잊어버리는 법을 알았다. 즉,
하워드는 자신의 삶에 적절한 바운더리들을 정했다. 적
절한 바운더리를 정하지 않고 아무 일이나 닥치는 대로
하는 것이 사람들이 사역을 포기하고 돌아서는 가장 큰
이유 중 하나다. 어떤 일을 얼마나 할지 바운더리를 정해
서 엄격하게 지키면 하나님이 부르신 일에 집중할 수 있
다. 이것이 하워드가 사역을 끝까지 잘 마무리할 수 있었
던 비결 중 하나다.

나아가, 한 멘토는 내게 잠언 4장 23절을 인용하면서
그 안의 지혜를 마음에 새기라고 권면했다. "모든 지킬
만한 것 중에 더욱 네 마음을 지키라 생명의 근원이 이
에서 남이니라."

이런 조언은 사역하는 내내 내게 큰 도움이 되었다.
솔로몬은 정말 중요한 사실을 깨달았다! 마음을 지키면
경청할 수 있다. 하나님이 우리를 위해 예배하신 것에 귀
를 기울일 수 있다. 또한 우리가 만나는 사람들의 필요를

채워줄 수 있다. 하워드가 경청하는 능력이 탁월했던 것은 예수님을 마음의 중심에 모시고 자신의 마음을 지키는 법을 배웠기 때문이다.

존은 영향력 높은 베스트셀러 『바운더리』의 공동 저자일 뿐 아니라 교회와 기업이 이 중요한 주제에 관해서 조언을 구하는 중요한 리더 중 한 명이다. 하워드 헨드릭스는 존이 댈러스 신학교 학생일 때뿐 아니라 그가 졸업하고 전문가로 활동할 때도 그의 삶에 영향을 미쳤다. 하워드가 가르치고 멘토링한 많은 사람처럼 존은 하워드의 영향에 감사하는 수많은 사람 중 한 명이다.

존은 이렇게 말했다. "저는 하나님의 말씀을 배우려고 제 힘으로 학비를 벌어 댈러스 신학교에 입학했습니다. 그래서 하나님의 말씀을 배웠습니다. 그런데 하워드는 거기에 인간관계의 요소를 더해주었습니다. 하워드는 말씀을 알 뿐 아니라 개인적인 삶과 관계에서 말씀을 실천하는 것이 얼마나 중요한지를 가르쳐주었습니다. 그는 제게 성경과 신학의 성육신적인 측면들을 알려주었습니다. 졸업한 뒤에 댈러스를 다시 찾아와도 그는 항상 저와 함께 커피를 마실 시간을 내주었어요."

하워드는 전임 교수로 강의하는 것 외에도 강연자와 저자로 왕성하게 활동하면서도 학생들과 리더들에게 어떻게든 시간을 내주었다. 정신없이 바쁜 와중에도 그는 적절한 바운더리를 유지하면서 다른 사람들에게 귀 기울이는 법을 알았다. 영향력 있는 리더라면 누구나 경청의 기술이 중요하다고 말할 것이다. 하워드의 삶을 보면 이 점을 더더욱 분명히 알 수 있다. 나는 존과 시간을 보내면서, 다른 사람들의 말을 잘 경청하면서 하나님의 인도하심에 민감하게 반응하고 적절한 바운더리를 설정하는 것이 무엇인지를 알 수 있었다. 이런 바운더리는 우리 자신의 삶만이 아니라 우리가 섬기는 이들의 삶을 위해서도 중요하다.

바운더리라고 하면 나쁜 의미로 받아들이는 경우가 자주 있다. 바운더리가 이기적인 것이라고 생각하는 이들이 있다. 하지만 오히려 정반대다. 바운더리는 우리의 시간을 필요로 하는 또 다른 사람들을 위한 여지를 만들어내는 것이다. 바운더리를 통해서 우리가 맡은 사람들을 잘 섬길 수 있다. 내 주변에서 다른 사람을 가장 잘 섬기는 사람은 주로 분명한 바운더리를 정해서 지키는 사람이다. 앞서 말했지만, 나는 하워드가 덜 중요한 일을 거절한 덕분에 다른 사람들의 말을 잘 경청할 수 있었다고 믿는다.

어떤 일에 시간을 빼앗겨

하나님이 예비하신 삶을 제대로 살지 못하고 있는가?

되는 대로 살지 않고 제대로 살기 위해

건강한 바운더리를 정해서 지키고 있는가?

"이건 풀 수 있는 문제네"

SNS를 통해서 자신의 목소리를 내기에 바쁜 이 세상에서 자신의 의견을 자제하거나 그 의견을 어떻게 나눌지 분별력을 발휘하는 것이 점점 더 중요해지고 있다. 우리는 자신의 의견을 말하기보다 경청을 통해 다른 사람들에게 훨씬 더 큰 영향을 미칠 수 있다. 칩 잉그램의 말을 들어보자.

저는 학생 시절 교수님과 여행을 다녔습니다. 목사가 된 뒤에도 계속해서 교수님은 저를 찾아오셨습니다. 그렇게 교수님과의 관계는 지속되었습니다. 한편, 그분의 말씀 중에서 가장 기억에 남는 것은 리더가 가질 수 있는 능력에 관한 말씀이었습니다. 그분이 이런 말씀을 했던 기억이 납니다. 우리가 삽의 능력을 갖고서 흙을 A 지점에서 B 지점으로 옮기려면 정말 많이 파야 합니다…하지만 무엇을 할지보다 어떤 사람이 될지에 집중하면 더 큰 능력을 지닌 사람이 됩니다. 그러면 이제 우리는 삽이 아닌 굴착기를 가져오게 됩니다. 그러고 나서 5년 뒤 우리는 트럭을 가져옵니다. 다시 10년 뒤 세미트레일러를 가져와 삽으로는 2-3일, 혹은 5일이 걸리는 일을 10-20분 만에 해치웁니다. 교수님의 가르침 덕분에 이렇게 하는 것이 제 습관이 되었습니다. 교수님은 매일 한 시간씩 주님과 함께했습니다.[3]

우리의 능력을 키우는 비결은 하나님과 함께하는 시간에 있다. 칩은 강의실에서만 하워드 헨드릭스에게 배운 것이 아니다. 그는 하워드의 삶을 관찰하고 그의 원칙을 따라한 결과, 하나님이 우리를 무슨 일로 부르시든 그 일을 완성할 능력을 주시는 분이 예수님이시라는 사실을 배웠다. 하나님과 함께하는 시간을 내면 다른 사람들의 말을 더 잘 듣게 된다. 하늘 아버지의 말씀을 들으면

---

3 칩 잉그램, 2021년 7월 14일, 저자와 줌으로 나눈 대화.

서 하루를 시작하면 다른 모든 것이 거기서 흘러나오기 때문이다. 하워드는 이 원칙을 이해하고 칩 잉그램 같은 사람들에게 전해주었다.

여러 해 전 WTB_{Walk Thru the Bible}와 협력한 적이 있다. 당시 나는 이 단체의 도움이 필요한 사람들을 연결해주었다. 그때 나는 WTB의 역사에 관해 많은 것을 배웠다. WTB는 브루스 윌킨슨_{Bruce Wilkinson}과 하워드 헨드릭스의 영향을 받아 시작되었다. WTB의 앞선 두 회장은 물론이고 현 회장도 하워드 헨드릭스에게 가르침과 훈련을 받았다. 나는 2대 회장인 칩 잉그램과 함께하면서 하워드가 그의 삶에, 그것도 중요한 시기에 어떤 영향을 미쳤는지를 듣고서 놀라움을 금할 수 없었다. 칩 잉그램은 하워드 헨드릭스가 끼친 영향에 관해 다음과 같이 말했다.

제가 댈러스 신학교에 간 것은 하나님이 제 마음속에 꿈을 주셨기 때문이고, 또한 하워드 헨드릭스에게 배우고 싶었기 때문입니다. 저는 댈러스 신학교에서 교수님의 수업을 빠짐없이 들었습니다. 교수님을 찾아가서 함께 여행하고 싶다고 말했던 기억이 납니다. 그때 그는 이렇게 말했어요. "나는 거의 주말마다 여행을 간다네. 내 사무실에 가서 조교에게 내 여행 일정표를 달라고 하게. 나는 대개 제자로 훈련시키는 사람을 함께 데려가지. 어디든 내가 가는 곳의 비행기 티켓만 구할 수 있다면 방과 식사를 포함해 나머지는 다 내가 책임지지." 그래서 당장 저금통을 사서 아내에게 이렇게 말했습니다. "여보, 하워드 교수님이 내게 굉장한 제안을 하셨어. 그게 뭔지 알아?" 그 당시 우리는 둘이 합쳐 한 달에 천 달러를 벌고 있었습니다. 우리는 돈이 없어서 정부 보조금이 나오는 임대 주택에서 살고 있었습니다. 그러나 그때부터 저는 여행을 하며 하워드에게 제자 훈련을 받기 위해 돈을 모으기 시작했습니다.

그때부터 칩이 하워드에게 질문을 던지고 그의 단순하지만 심오한 대답을 듣는 관계가 시작되었다. 하워드는 혼자 여행을 갈 수도 있었지만, 자주 학생들을 초대했다. 덕분에 이런 개인적인 제자 훈련 시간에 학생들은 많은 것을 배울 수 있었다.

하워드의 경청 기술 덕분에 학생들은 여행 중 중요한 조언을 들을 수 있었다. 칩 잉그램도 신혼 초에 아내와 갈등을 겪으며 힘들어할 때 함께 여행하던 하워드에게 귀한 조언을 받았다.

칩은 이렇게 말했다. "아내는 직장 상사를 통해 그리스도를 영접했습니다. 우리는 2년 반 동안 만나면서 친구

가 되었고, 그로부터 1년 뒤에 결혼에 골인했어요. 우리
는 둘 다 알코올 중독자 아버지를 두었습니다. 결혼하고
나서 6개월 뒤 우리는 모든 짐을 트럭에 싣고 신학교에
다니기 위해 댈러스로 이사했습니다. 우리는 서로 사랑했
어요. 아내는 제가 만난 가장 경건한 여성이었습니다. 제
가 전심으로 하나님을 사랑하고 아내도 전심으로 하나님
을 사랑하니 더할 나위 없이 좋다고 생각했어요." 하지만
당연히 이 신혼부부의 삶에도 어려운 시기가 찾아왔다.

　"우리는 신혼여행을 이틀밖에 보내지 못했어요. 가족
상喪이 생겨서 일찍 돌아와야 했어요. 돌아와서 살다 보
니 어느새 저는 아직 네 살이 안 된 두 아들의 아빠가 되
어 있었어요. 그러다 보니 아내와 대화할 시간이 부족해
졌어요. 그러다 서로에게 화를 참지 못하게 되었어요. 저
는 아내를 전심으로 사랑했어요. 그런데 제가 그토록 사
랑하는 사람에게 그토록 강하게 화를 낼 수 있다니, 믿을
수가 없었지요. 아내도 마찬가지 심정이었어요. 그래서
하나님께 기도하며 저 자신에게 '계속 이렇게 살아야 하
는가?'라고 묻기 시작했어요." 그 중차대한 시기에 칩은
자신의 이야기를 경청해주는 귀와 당장이라도 무너질 것
처럼 보이는 가정을 지키는 법에 관한 조언이 필요했다.

　"하워드 교수님을 찾아가 이렇게 말했던 기억이 나
요. '교수님, 집안이 엉망입니다.' 그때 교수님이 해주신

말씀을 평생 잊지 못할 거예요. '칩, 그거 아는가? 이건 풀 수 있는 문제라네. 내 말을 믿게. 나도 아내와 갈등을 겪고 다른 사람들과 이야기를 나눈 적이 있다네. 이 여행을 마치고 돌아가면 이 문제에서 정말 큰 도움이 될 사람을 소개해주겠네.'"

칩은 이 귀한 조언으로 어떻게 자신의 가정이 회복되었는지를 이야기해주었다. 나는 "이건 풀 수 있는 문제라네"라는 단순하면서도 심오한 말을 두고 깊이 생각해보았다. 이 단순한 말이 그토록 효과적이었다니. 잘 경청하면 사람들에게 필요한 답을 줄 수 있다. 때로는 인생의 결정적인 순간에 꼭 필요한 조언을 해줄 수도 있다. 우리는 종종 우리가 하는 일이 중요하지 않다는 생각에 빠지기 쉽다. 리더의 길은 외로운 길이 될 수 있다. 그럴 때 우리는 경청해주는 사람이 필요하다.

* * *

하워드가 인생의 마지막 순간을 지날 때 진 게츠는 그를 찾아가 저녁 식사를 대접했다. 그는 자신이 사역하는 내내 하워드가 자신에게 얼마나 소중한 존재였는지를 알려주고 싶었다. 그때의 일에 관해서 진 게츠는 이렇게 말했다. "부교수 시절 그가 제게 준 자유가 얼마나 고마

윘는지 말해주고 싶었습니다. 그는 제게 고마움을 표시하고 나서 도전 의식을 불러일으키는 말을 했어요. '내가 가르친 수천 명 중에서 이렇게 감사를 표시한 사람은 그리 많지 않아요.'

그 뒤로 저는 여행 중에 하워드에게 영향을 받았다고 말하는 그의 옛 제자들을 자주 만났습니다. 저는 그들에게 교수님에게 감사를 표시한 적이 있냐고 묻는 습관이 생겼어요. 대다수는 머뭇거리다가 그런 적이 없다고 대답했습니다. 그러면 저는 지금 바로 감사를 표시할 생각이 있냐고 물었습니다. 그러면 다들 고개를 끄덕였습니다. 그러면 저는 즉시 제 휴대폰을 꺼내 하워드에게 전화를 걸었습니다. 그들이 나누는 대화를 듣노라면 그렇게 흐뭇할 수가 없었습니다. 그런 통화는 당시 종일 집 안에만 갇혀 있던 하워드에게 얼마나 큰 힘이 되었는지 모릅니다."

/

누가 당신 인생의 중요한 순간에
당신의 말에 귀 기울여주었는가?
시간을 내서 그에게 감사를 표시하겠는가?

/

살아 있는 한 배워야 한다.

_하워드 헨드릭스

8장.

배우는 자세와 겸손

하워드 헨드릭스의 삶을 연구하면서 나는 그의 배우는 자세에 깊이 감명받았다. 그는 사역, 문화, 삶에 관해 끊임없이 배우는 사람이었다. 그는 뭔가를 모르면 서슴없이 묻거나 정보를 찾았다. 하나님이 다른 사람들에게 영향을 미칠 수 있는 길을 그에게 열어주신 것도 무리가 아니다. 그는 배우는 자세를 지키기 위한 방법을 알고 있었다. 다른 사람들에게 겸손히 배우는 자세를 그에게서 배우자.

배우는 자세라는 뿌리

최근 한 친구가 내게 자신의 집 정원과 그곳에서 키

우는 작물들의 사진을 보내왔다. 많은 식물과 나무도 흥미로웠지만, 묘목이 뿌리를 튼튼하게 내릴 수 있도록 나무 주위에 흙을 깔고 말뚝을 박아놓은 것이 인상적이었다. 우리도 잘 자라서 계속 좋은 열매를 맺으려면 그리스도 안에 뿌리를 내려야 한다(예를 들어, 막 4:6, 요 15:1-8, 롬 11:16). 특히 수시로 변화는 문화 속에서 이렇게 뿌리를 내리려면 반드시 자세를 유지해야 한다. 배우는 자세는 겸손과 비슷한 측면이 많다.

하워드는 배우는 자세를 중시했고, 배움과 가르침 사이에 어떤 연관성이 있는지에 관해 썼다.

> —당신의 삶에서 가장 훌륭한 스승으로 기억되는 사람들은 분명 씨앗을 심은 사람들일 것이다. 당신은 지금도 여전히 그 씨앗에서 열매를 거두고 있다. 그 스승들이 가르쳐준 특정한 교훈 한 가지에만 집착하여 이 사실을 망각하지 말라.[1]
> —오늘 성장을 멈추면 내일 가르치는 것을 멈추게 된다.[2]

---

1 Howard Hendricks, *Teaching to Change Lives: Seven Proven Ways to Make Your Teaching Come Alive* (Colorado Springs: Multnomah Books, 2011), 45. (『삶을 변화시키는 가르침』 생명의 말씀사)
2 같은 책.

—하나님은 사람을 측정하실 때 머리가 아닌 마음
에 줄자를 대신다.

하워드의 말이 옳다. 하나님은 그분께 가장 중요한
것을 측정하신다. 배우는 자세를 품은 사람은 하나님께
공동체를 통해 자신을 자라게 해달라고 요청한다. 잠언
27장 17절은 이렇게 말한다. "철이 철을 날카롭게 하는
것 같이 사람이 그의 친구의 얼굴을 빛나게 하느니라."
배우는 자세를 품고 겸손히 다른 사람들의 것을 받아들
이면 우리는 그들로 인해 날카로워진다. 모든 리더는 이
렇게 겸손히 배우는 태도를 품어야 한다.

여러 해 전 아내가 내 눈을 똑바로 쳐다보며 이렇게
말했다. "당신은 도무지 배울 줄 몰라요." 그 말을 들었
을 때 내가 받은 충격은 이루 말할 수 없다. 당시 나는
10년 가까이 사역을 해오고 있었다. 나는 미국에서 가장
큰 교단 중 한 곳의 사역 컨설턴트로 그만큼 오랫동안
일했으니 배우는 자세 정도는 이미 갖추었는 줄 알았다.
아내의 말이 강타한 얼얼한 느낌이 지금도 생생하게 기억
난다. 그래서 당신에게 묻고 싶은 첫 번째 질문은 이것이
다. 아내가 내게 겸손하지 못하다고 말하기 전에 누군가
가 이 문제를 고민할 수 있는 질문을 던졌더라면 좋았을
뻔했다. 그 질문은 이것이다. 당신은 배울 줄 아는가? 다

른 사람의 지혜로운 말을 겸손하게 받아들이는가?

당신은 배울 줄 아는가?

칙필레의 부사장 마크 밀러는 하워드에게 멘토링을 받았다. 그는 자주 댈러스로 비행기를 타고 날아가 하워드와 시간을 보냈다. 마크는 이렇게 말했다. "하워드는 기꺼이 시간을 내어 진 여사님과 함께 로리스에서 제게 저녁 식사를 대접해주었습니다." 하워드를 향한 마크의 마음은 존경심이라는 표현으로는 부족하다. "하워드는 칙필레 리더십 콘퍼런스에서 두 번 강연했습니다. 그는 우리 조직에 막대한 도움을 주었습니다."[3]

그 과정에서 하워드는 마크에게 다른 것들도 가르쳐주었다. "하워드는 리더의 도덕적 권위를 갖춘 최고의 스승이었습니다. 그는 저의 롤 모델이었으며 제게 더 나은 선생이자 리더가 되는 법을 가르쳐주었습니다." 때로 하워드의 수업에서 강연하곤 했던 마크에 따르면 "하워드는 제가 강연할 때 맨 앞자리에 앉았습니다." 하워드는 마크의 강연을 노트에 메모하고 심지어 그 강연의 내용

---

3 마크 밀러, 2021년 10월 4일, 저자와 줌으로 나눈 대화.

을 시험에 출제하기도 했다. 경험이 많고 존경받는 선생이면서도 자기 자신을 학생으로 여겨 새로운 것을 배우는 모습은 분명히 겸손의 증거였다. 내게 이 이야기를 하는 내내 마크의 눈은 반짝거렸다.

나는 마크를 여러 번 인터뷰했다. 하워드의 유산을 대하는 그의 마음은 특별했다. "하워드는 제게 개인적인 발전 계획을 세우라고 권했습니다." 개인적인 발전 계획이라는 말을 처음 들은 나는 호기심이 생겼다. 또한 마크는 하워드의 본을 따라 제자 훈련 그룹을 만들어 사람들을 훈련했다. "우리는 지난 23년간 꾸준히 모인 반면, 하워드의 그룹은 자주 바뀌었다는 점에서 제 그룹은 하워드의 그룹과 다릅니다."

마크는 하워드의 삶을 본받아 배우는 자세를 갖추었다. 하워드의 영향력과 가르침을 받아들인 사람들의 이야기는 들을 때마다 놀랍다. 특히, 나의 단골 식당 중 한 곳의 부사장에게서 하워드가 자신의 개인적인 삶뿐 아니라 자신의 사업에도 영향을 미쳤다는 말을 들으니 그렇게 놀라울 수가 없었다. 하워드는 칙필레에 큰 영향을 미쳤다. 마크는 누가복음 6장 40절을 읽을 때마다 하워드의 삶이 자신에게 미친 영향이 떠오른다고 말했다. "제자가 그 선생보다 높지 못하나 무릇 온전하게 된 자는 그 선생과 같으리라." 마크의 말은 모든 리더가 깊이 고민해야 할 질문으로 이어진다. 어떻게 해야 배움의 자세를 갖춰 자신이 세상을 떠난 뒤에도 계속해서 다른 사람들에게 영향을 미칠 수 있을까?

/

당신은 겸손히 배우는 자세를 갖추고 있는가?
그래서 하나님이 당신을 통해
누가복음 6장 40절 말씀을 증명해 보이실 수 있을까?
하워드가 마크에게 해준 것처럼
당신도 세상을 떠난 지 한참이 지나서도 계속해서
다른 사람들에게 영향을 끼칠 수 있을까?

/

좋은 멘토링을 위한 레시피

최근 하나님은 내게 〈라이트나우 미디어RightNow Media〉의 한 프로그램을 통해 와플 하우스Waffle House의 최고 경영자인 버트 손턴Bert Thornton을 인터뷰할 기회를 주셨다. 이 식당 체인은 워낙 가맹점이 많아서 '미국 남부가 지정한 만남의 장소'라는 별명까지 얻었다. 인터뷰 중 버트는 멘토링의 중요성을 강조하고 좋은 멘토가 되기 위한 방법에 관해서 이야기했다. 나는 그에게서 유명한 버트 칠리Bert's Chili 의 레시피만이 아니라 좋은 멘토링의 레시피를 얻고 싶었다. 그는 공동 저자로 참여한 책 『큰 영향을 미치는 멘토링High-Impact Mentoring』에서 멘토링의 여덟 가지 핵심 특성을 설명한다.[4] 이것은 리더가 자신이 이끄는 사람들에게도 전해주어야 하는 특성이다. 그 특성은 다음과 같다.

1. 태도

2. 에너지

3. 외적인 모습

4. 언어 구사력

5. 참여

6. 대화의 태도

7. 행실

8. 보디랭귀지

하워드는 이 외에도 많은 좋은 특성을 다른 사람들에게 전해주었다. 버트가 이런 핵심 특성을 다른 사람들

---

4 Bert Thornton과 Dr. Sherry Hartnett, *High-Impact Mentoring: A Practical Guide to Creating Value in Other People's Lives* (Alpharetta, GA: BookLogix, 2021).

에게 전하기 위해 노력한 것은 와플 하우스의 직원 이직률이 매우 낮은 이유 중 하나다. 와플 하우스는 사람들을 있는 그대로 받아준 다음, 회사에 대해 주인 의식을 가질 만큼 성장시키는 것으로 유명하다. 하워드도 사람들을 있는 그대로 받아주었다.

하워드는 주변 세상을 이해하고 알기 위해 노력한 스펀지와 같은 인물이었다. 하워드가 갖추었던 배움의 자세를 영화 제작자이자 셔우드 침례교회 담임목사인 마이클 캣Michael Catt만큼 잘 설명할 수 있는 인물도 없을 것이다.

제자 훈련에 관한 하워드의 강연을 들은 적이 있는데, 그때 그는 가장 중요한 덕목으로 배우는 자세를 꼽았습니다. 자신이 배우는 자세를 갖추었다고 생각하지만, 실상은 자신이 다 안다고 생각하는 사람이 많습니다. 개인적으로 저는 계속해서 배우려고 노력하고 있습니다. 계속해서 뭔가를 알아내려고 노력하고 있습니다. 하나님이 제 삶에서 행하고 계신 모든 일을 이해하기 위해 여전히 노력하고 있습니다. 그러니까 저는 배우는 자세를 갖추고 싶습니다. 하워드는 신학교 학생들만 배워야 한다고 생각하지 않았습니다. 그는 코브cove에 있는 80세의 어르신들도 배워야 한다고 생각했습니다. 그는 코브에 가서 어르신들에게 음식만 나눠주지 않았습니다. 그는 코브에서 어르신들을 가르쳤습니다. 그는 그들을 가르치며 큰 도전을 던졌습니다. 저는 그가 코브에 방문할 때마다 빠짐없이 찾아갔습니다. 저는 최대한 앞쪽에 앉았습니다. 그가 지닌 열정의 불에 최대한 가까이 있고 싶었기 때문입니다.[5]

마이클의 이야기를 들어보니 그는 하워드가 생전에 했던 강연이든 녹음테이프든 상관없이 그의 가르침을 열심히 받아들인 것이 분명하다. 마이클이 하워드에게 가장 주목한 것은 그의 가르침뿐 아니라 가르침을 받아들이는 능력이었다.

선생이 배우는 자세를 갖추면 마이클의 경우처럼 학생들도 그런 자세를 갖춰 선생의 가르침을 깊이 받아들이게 된다. 선생이 배우는 자세를 갖추면 학생들도 배우기를 원하게 된다. 하워드는 우리에게 그런 자세의 본을 보여주었다. 그가 겸손히 배우는 자세를 갖춘 덕분에 학생들과 리더들은 그가 하는 말에 진정으로 귀를 기울였다.

배우는 자세의 한 특징은 호기심을 발휘하는 것이다.

---

5 마이클 캣, 2021년 7월 27일, 저자 그리고 진 헨드릭스와 줌으로 나눈 대화.

호기심은 7장에서 살펴보았던 경청과 짝을 이룬다. 하워드는 학생을 비롯해서 주변 사람에게 질문을 던지기를 즐겨 했다. 그는 수업이나 강연할 때가 아니면 말을 많이 하지 않고 대신 질문을 많이 던져 사람들이 그들 자신에 관해 이야기하게 했다. 이 호기심 덕분에 하워드는 학생들의 삶 속으로 들어가 그들과 나란히 걸으며 멘토링할 수 있는 기회를 포착할 수 있었다. 예수님도 제자들의 호기심을 자극하여 "천하를 어지럽게" 만든 위대한 협력을 이끌어내셨다(행 17:6). 호기심은 언제나 행동으로 이어진다. 어딘가로 갈 것인지 아니면 그냥 앉아 있을 것인지 행동을 촉구한다.

하나님이 우리 인생길에 두신 것들에 호기심을 가져야 한다. 그럴 때 우리 앞에 많은 길이 열린다.

배우는 자세를 갖춘 사람은 과거에 관심을 둔다

하워드의 제자들은 그가 위대한 스승의 요소들을 본으로 보여주었다고 입을 모아 말했다. 하워드 자신도 이 주제에 관해 자주 인용되는 말들을 아래와 같이 남겼다.

—리더의 수준을 가늠하는 척도는 자신이 무엇을

하느냐가 아니라 자신이 한 일로 인해 다른 사람
들이 무엇을 하느냐다.

—우리는 자신의 지식은 가르치지만, 자신의 됨됨
이는 증식시킨다.

—학생이 배우기 전까지 교사는 가르쳤다고 말할 수
없다.

리더가 배우는 자세를 유지하면 다른 사람들을 잘 이
끌 수 있다. 하워드를 따른 학생들과 리더들은 하나같이
높은 수준의 리더십을 보였다. 그것은 하워드에게서 배
우는 자세를 배웠기 때문이다. 하워드는 배우는 자세를
증식했다. 마이클 캣과 시간을 보내면서 그도 하워드처
럼 배우는 자세를 갖추고 있다는 것을 느낄 수 있었다.
그는 이렇게 말했다.

"하워드는 '살아 있는 한 배워야 한다'고 말했습니다.
요즘 리더들은 자신이 다 배웠다고 생각하는 것 같아요.
자신이 태어나기 전에 일어난 일에 관해 전혀 생각하지
않는 사람들이 많습니다. 하지만 우리는 거인들의 어깨
위에 서 있습니다. 우리 중 누구도 홀로 지금의 자리에
이른 사람은 없습니다. 하워드라면 젊은 친구들에게 이
렇게 말할 것 같아요. '멈춰 서서 당신 앞에 일어난 일에
관심을 가져야 합니다.'"

참으로 옳은 말이다. 분명 하워드는 자신이 멘토링한 마이클을 자랑스러워할 것이다. 리더는 자신이 멘토링한 사람들에게 자신도 다른 사람들의 어깨 위에 서 있다는 사실을 분명히 말해주어야 한다. 우리보다 앞서간 사람들의 도움 없이 현재의 자리에 이른 사람은 아무도 없다.

무디 성경 학교와 코너스톤 대학교Cornerstone University의 총장을 역임했고, 수많은 책을 쓴 조셉 스토웰Joseph Stowell과 시간을 보내면서 하워드가 선생이면서도 자신의 자리보다 자신이 이끄는 사람들을 아는 데 더 관심을 가졌다는 사실을 또다시 확인할 수 있었다. 배우는 자세를 갖추면 자신의 지위나 직함보다 자신이 이끄는 사람들을 더 중시하게 되어 있다. 조셉 스토웰은 이렇게 말했다. "그가 제게 관심을 기울이고 있다는 것을 항상 느낄 수 있었습니다."[6]

존 온우체콰John Onwuchekwa는 애틀랜타 코너스톤 교회Cornerstone Church의 전 목사이자 탁월한 리더이며 저자와 강연가로 활동하고 있다. 그도 댈러스 신학교를 졸업했다. 그는 재학 당시 대규모로 진행된 하워드의 수업을 몇 번 들은 적이 있다. 그는 강의실에 앉아서 필기하다가 가끔씩 멈추고 수업 내용에 관해 깊이 숙고했던 일을 회상했

---

[6] 조셉 스토웰, 2021년 10월 27일, 저자와 줌으로 나눈 대화.

다. "하워드 헨드릭스 교수님의 수업 내용을 적은 노트들을 지금도 갖고 있습니다. 그는 학생들과 깊이 상호작용하는 진정한 스승이요 너무도 만족스러운 스승이었습니다. 그와 함께한 시간은 정말 만족스러웠어요." 그는 하워드와 함께한 시간을 어제 일처럼 생생하게 기억했다. "규모가 큰 수업이었는데도 교수님과 학생들 사이에 상호작용이 활발했습니다."[7]

예수님은 크고 작은 무리에게 가르치셨지만, 환경이나 청중의 배경과 상관없이 늘 사람들과 상호작용하셨다. 하워드는 진정한 상호작용을 통해 예수님을 닮은 모습을 보여주었다. 이는 오늘날 사람들이 리더들에게 간절히 원하는 품성이다. 우리는 다른 사람들을 가르치는 동시에 배울 줄 아는 리더를 원한다. 조셉 스토웰은 이렇게 말했다. "하워드는 배우는 학생인 동시에 가르치는 선생이셨습니다. 두 가지 요소가 서로 어우러졌습니다." 리더로서 우리는 하나님이 이끌고 멘토링하라고 보내주신 사람들을 가르칠 뿐 아니라 그들에게 배울 수 있어야 한다.

---

7 조셉 스토웰, 2021년 10월 27일, 저자와 줌으로 나눈 대화.

누구에게 배울지 결정하라

이제 누구에게 귀를 기울일지를 어떻게 판단할지에 관해 살펴보자. 소음과 산만함으로 가득한 세상에서 우리는 엉뚱한 길로 빠지기 쉽다. 리더로서 우리는 배우는 자세를 갖추되 진리를 배워야 한다. 누구에게 배울지 선택할 때 고려해야 할 최우선 요소 중 하나는 진리여야 한다. 기만과 거짓 정보가 판을 치는 세상에서 우리는 진리의 사람들에게 배울 뿐 아니라 우리도 다른 사람들에게 거짓 교리나 그릇된 정보가 아닌 진리를 말해주어야 한다. 진리로 이끌면 사람들이 우리를 신뢰하게 된다.

"저는 교수님에게 성경 연구 방법과 성경 해석학을 배웠습니다…그는 제게 진리의 렌즈를 통해 성경을 보는 것이 얼마나 중요한지를 가르쳐주었습니다." 존 오_{John O}는 그렇게 말했다. 또한 그는 하워드가 가르친 내용만이 아니라 가르치는 방식으로 학생들의 눈을 열어주었다고 말했다. 리더들이 사람들을 가르치고 이끌 때 인격이 중요하지만, 그보다 훨씬 중요한 것은 바로 하나님의 진리다. 분명 하워드는 하나님의 참된 말씀을 믿었다. 그는 성경을 일점일획까지 확실히 믿었다. 그렇지 않았다면 다재다능했던 그는 분명 다른 직업을 찾았을 것이다.

배우는 자세를 갖추지 않으면

하나님은 우리가 많은 것을 발견하기를 원하신다. 우리는 그것들을 발견하지 못하고 놓치는 것을 가장 두려워해야 한다. 하워드의 삶을 연구해보면 그가 끝까지 최선을 다해 살았다는 것을 알 수 있다. 존 온우체콰는 이렇게 말했다. "저는 2006년에 댈러스 신학교에 입학해서 2009년에 졸업했습니다. 저는 헨드릭스 교수님의 댈러스 신학교 재직 시절이 끝날 무렵 교수님에게 배웠습니다. 하지만 그는 은퇴를 코앞에 둔 사람처럼 그 시간을 보내지 않았습니다."

하워드가 은퇴를 앞둔 사람처럼 그 시간을 보내지 않은 이유 중 하나는 끝없이 배움을 추구하고 자신의 주변에 대해 호기심을 유지했기 때문이다. 조셉 스토월은 하워드가 리더로서 장수한 비결을 이렇게 설명한다. "하워드는 평생 배움을 게을리하지 않았습니다. 그래서 최고의 자리를 지키고 시대에 뒤처지지 않을 수 있었습니다."

배우는 자세를 잃고 하나님의 인도하심을 따르지 않는 리더는 자멸의 길로 들어선다. 반면, 배우는 자세를 지키는 리더는 하나님이 예비하신 것에 순종한다. 하워드는 은퇴한 후에도 여전히 학생들을 만났다. 나는 그가 계속해서 학생들을 멘토링할 뿐 아니라 그들에게서 배우기를 원했다고 생각한다.

진 헨드릭스에 따르면 하워드는 죽는 순간까지 계속해서 정진하는 삶을 살았다. 하워드는 사실상 은퇴란 없다고 믿었다. 그는 은퇴 후에도 계속해서 책을 썼다(안타깝게도 그 책을 마치지는 못했다). 그는 평생 배움을 실천한 사람이었다.

/

배우는 자세를 유지하기 위해 노력하고 있는가?

겸손히 배우는 마음을 품고 있는가?

누구에게 배우고 있는가?

/

멀리서는 사람들에게 영향을 미칠 수 없다.

가까이서만 영향을 미칠 수 있다.

_하워드 헨드릭스

9장.

이면에서 일하다

지금까지 우리는 하워드 헨드릭스가 가르침을 통해 수많은 사람에게 어떤 영향을 미쳤는지를 살펴보았다. 하지만 그가 미친 영원한 영향력의 대부분은 무대 뒤의 역할에서 나왔다.

* * *

스티브 캐버노Steve Kavanaugh의 이름이 내 휴대폰에 떴을 때 몹시 기뻤다. 스티브는 우리 가정이 모든 면에서 무너져 내리던 고교 시절 초반부터 나의 멘토가 되어주었다. 나의 어머니는 오랫동안 낭창으로 고생하셨다. 십대 시절의 어느 해, 어머니는 이 오랜 지병으로 한동안 일을 하실 수 없었다. 그로 인해 집안 형편이 어려워져서

185

우리 집에서 크리스마스 선물 같은 것은 꿈도 꿀 수 없었다. 스티브가 우리 집안의 사정을 알기 전까지는. 스티브와 그의 소그룹 식구들은 행동에 돌입해 나와 누나들에게 크리스마스 선물을 주었다.

스티브가 내 삶의 일부가 된 지 벌써 30년이 넘었다. 우리는 한동안 연락하지 않고 지내다가 다시 만나도 전혀 어색함이 없을 만큼 허물없는 사이다. 스티브는 만날 때마다 내게 무슨 일을 하고 있는지부터 묻는다. 최근에 내가 한 답은 지금 당신이 손에 들고 있는 이 책의 출간 프로젝트였다. 통화 중에 스티브가 갑자기 말이 없어져도 나는 그가 무슨 생각을 하고 있는지 안다. 우리는 말을 안 해도 서로의 마음을 알 만큼 가까운 사이다. "파이팅!" 그는 그렇게 말하며 이번 프로젝트를 전폭적으로 지지해주었다. 그러고 나서 이렇게 덧붙였다. "참, 내가 나와 하워드 헨드릭스에 관한 이야기를 해주었던가?"[1]

---

1 스티브 캐버노, 2022년 2월 14일, 저자 그리고 진 헨드릭스와 전화로 나눈 대화.

이면의 이야기

스티브는 계속해서 이렇게 말했다. "내가 중학교에 들어간 지 얼마 되지 않았을 때 하워드가 우리 교회에 온 적이 있다네. 기억은 가물가물하지만 여태껏 그날을 잊은 적이 없네. 하워드 부부가 방문한 동안 그는 내게 디즈니랜드를 안내해달라고 부탁했지." 스티브는 당시 자신이 그곳에서 일했기 때문에 하워드에게 디즈니랜드를 구경시켜줄 수 있었다고 설명했다. 스티브가 그날 디즈니랜드에서 하워드와 어울린 이야기를 하는 동안 나는 귀를 쫑긋했다. 또한 나는 이 대화에 하워드의 아내인 진도 꼭 참여해야 한다고 판단했다. 두 사람을 전화로 연결해 그들이 어울렸던 그 특별한 날에 관한 이야기를 스티브에게서 듣는 것은 내게 말할 수 없는 기쁨이었다. 내 멘토가 내가 가장 좋아하는 사람 중 한 명과 연결된 사이였다니! 그 말을 듣는 순간은 마치 비현실처럼 느껴졌다.

나도 디즈니랜드에 간 적이 있다. 이 글을 타이핑하는 동안 그 기억이 새록새록 떠올랐다. 아버지에게서 디즈니랜드에 갈 뿐 아니라 그 놀라운 곳을 뒷모습까지 속속들이 구경하는 특별한 투어를 예약했다는 말을 들었을 때 내가 느낀 기쁨은 말로 다 표현할 수 없다. 아버지가 세상을 떠나신 지 20년이 넘고 보니 그날의 추억이 더더욱 귀하다. 그날 본 것을 일일이 다 기억하지는 못하지만, 그 날 나는 가장 좋은 친구인 아버지와 함께 세계에서 가장 큰 테마파크의 이면을 낱낱이 구경할 수 있었다. 이와 비슷하게, 하워드 헨드릭스의 삶 중 이면의 장면들을 보면 그의 유산 중 절대 놓쳐서는 안 되는 측면들이 나타난다.

하워드 헨드릭스의 삶의 뒷모습을 보면 다른 사람들과 소통하는 남다른 능력이 드러난다. 이러한 그의 능력은 오늘날에도 여전히 많은 열매를 맺고 있는 사역들을 구축하고 성장시키는 데 중요한 역할을 했다.

무대 뒤에서 쓰임받는 것에 만족하는 사람은 그리 많지 않다. 그리고 우리는 우리 삶의 이면에서 하나님이 행하고 계신 역사를 보지 못할 때가 많다. 하지만 곰곰이 생각해보면 이면이야말로 진정한 역사가 이루어지는 곳이다. 지금 지나고 나서 돌아보니 내 삶이 큰 변화를 겪던 시기에 하나님이 이면에서 중요한 일을 행하고 계셨던 순간들이 눈에 들어온다. 그런 순간 중 하나는 WTBWalk Thru the Bible와 관련이 있다.

Walk Thru the Bible

브루스 윌킨슨은 댈러스 신학교에 다닐 때 석사 논문

을 쓰기 위해 사람들에게 성경 이야기를 가르치는 도구를 개발해 하워드 헨드릭스 교수에게 보여주었다. 그때 하워드는 "그것이 가능한가?"라고 물었다. 하워드는 브루스에게 그 도구를 다섯 교회에서 시험해보고 나서 결과를 말해달라고 조언했다. 그 결과 훗날 전 세계적으로 큰 성공을 거둔 사역이 시작되었다.

* * *

WTB의 두 관계자가 교역자들에게 그 도구를 소개하기 위해 우리 교회에 찾아왔다. 당시 나는 이 사역에 관해 깊이 생각하지는 않았지만, 흥미롭고 들을 만한 가치가 있다고 판단했다. 그래서 다른 교역자 한 명과 함께 그들을 만났다.

당시는 몰랐지만, 그때 하나님은 하워드 헨드릭스가 성장을 도운 사역 중 하나를 내게 소개해주신 것이었다. 나는 교회 컨설턴트로 활동하던 중 하워드 헨드릭스라는 이름을 들은 기억이 났고, 그때부터 그의 사역과 그가 세상에 미친 영향을 발견해가기 시작했다. 지금 와서 돌아보면 하나님은 하워드의 이야기를 전하시려고 나를 준비시키고 계셨다. 하나님은 우리가 각자의 삶에서 그분의 사명을 수행하도록 준비시키시려고 늘 이면에서 역사하고 계신다. 하워드가 도왔던 사역 중 한 곳과 협력한 경험이 없었다면 나는 이 책을 쓸 준비를 하지 못했을 것이다.

나는 계약직 컨설턴트로서 WTB 팀에 합류하여 여러 교회에 WTB의 자료들을 소개했다. 그 시기에 나는 하워드에 관해 그리고 WTB를 향한 그의 사랑에 관해 많은 것을 알게 되었다.

하워드가 사역의 이면에서 활동한 결과는 수많은 리더의 삶에서 나타났고, 지금도 계속해서 나타나고 있다. 예를 들어, WTB의 회장을 역임한 세 리더 브루스 윌킨슨, 칩 잉그램, 현 회장 필 터틀은 모두 20년간 WTB의 이사로 섬긴 하워드의 제자들이다.

필은 하워드를 깊이 존경한다. 그는 멘토의 중요성을 누구보다도 잘 알고 중요하게 여긴다. 그는 휘튼 대학교에 다니던 시절에 하워드 헨드릭스에 관해 처음 들었다.

필은 어린 시절 하워드의 교육 방식과 설교 스타일에 눈살을 찌푸렸을 법한 율법주의적인 교회에 다녔다. 그는 이렇게 말했다. "하나님은 휘튼 대학교에 매복하셔서 저의 진로를 의과에서 신학과로 바꾸셨습니다. 저는 하워드 헨드릭스의 녹음테이프를 구해 들으면서 그의 화법을 좋아하게 되었습니다. 그의 유머와 대화 스타일에 강하게 끌렸습니다."**2**

필은 녹음테이프로 하워드의 강연을 듣다가 결국 댈러스 신학교 학생이 되어 그의 강의실에 앉게 되었다. 하워드의 수업을 묘사하던 그의 목소리가 흥분한 듯 커졌다. "그분의 수업을 빠짐없이 들었습니다. 그분의 수업이라면 무조건 등록했고, 한 번도 빠지지 않았습니다."

필은 하워드와 함께 여행하면서 그의 삶의 뒷모습을 통해 그의 성품을 알게 되었다. 필은 하워드와 함께 여러 콘퍼런스에 참석한 뒤 그에 관한 흥미로운 사실을 알게 되었다. "강연이 끝나면 그는 항상 조용히 사라졌습니다." 하워드는 회복을 위한 혼자만의 시간이 필요했던 것이다.

필은 하워드와 친밀히 어울리면서 그가 누군가를 가깝게 느낄 때 성姓을 부른다는 사실을 알게 되었다. "그가 성을 부르면 좋은 일이었습니다." 하워드는 여러 가지 방식으로 사람들에게 다가가기 위해 노력했다.

이런 친절함이 하워드가 사람들의 삶에 영향을 미칠 수 있었던 비결이다. 필은 아내와 함께 둘 다 직장에서 종일 일하면서 신학교를 다니느라 고생했던 시절을 생생히 기억하고 있다. 이 힘겨운 시기에 하워드는 그의 사무

---

2 필 터틀, 2021년 3월 31일, 저자와 줌으로 나눈 대화.

실로 전화를 걸어 안부를 묻곤 했다. 또한 하워드는 학생들의 학업 성취를 위해 여러 가지 방식으로 도전했다. 그는 필에게 아메리칸 항공사American Airlines에서 조종사들을 어떻게 훈련하는지 조사하라는 과제를 냈다. 젊은 필은 그 과제를 무척 즐겁게 했다. 하워드가 학생들이나 사람들에게 새로운 활력을 불어넣을 수 있는 독특한 과제를 주면서 그들과 소통을 시도하는 것은 드문 일이 아니었다.

필은 하워드에게서 자신을 비롯한 수많은 사람에게 유익을 주는 임무를 받았던 일도 회상했다. "어느 날 하워드 교수님이 도서관에서 열네 개의 주제에 관한 자료를 찾아 복사해 애틀랜타로 보내라는 임무를 주셨어요. 나중에 그것이 그분의 책 『가르치는 이의 7가지 법칙Seven Laws of the Teacher』을 위한 연구 조사였다는 것을 알게 되었어요." 그 책은 전 세계적으로 크게 주목받았고, 기독교 교육 분야에서 선구적 역할을 했다. 지금도 WTB를 통해 판매되고 있다.

하나님은 필을 하워드의 녹음테이프에 이어서 그의 강의실, 그와 개인적으로 여행하는 관계, 그리고 그의 연구를 돕는 일로 연결해주셨다. 마침내 필은 WTB의 회장이 되었다. 당시 교회를 목회하던 필은 하워드의 추천으로 그 단체의 수장이 되었다. 그러니 필은 자신의 삶에 하워드를 보내주신 하나님에게 감사할 수밖에 없다. "하워드 교수님은 사람들에게서 잠재력을 끌어내는 법을 잘 아셨습니다." 실제로 하워드는 필 터틀을 비롯한 수많은 사람에게서 잠재력을 끌어냈다.

정신없이 바쁜 이 시대에는 하나님이 이면에서 우리의 삶을 어떻게 조율하고 계신지에 관심을 기울이기 쉽지 않다. 그러나 우리가 다른 사람들에게 영향을 미치려면 하나님이 사람들의 삶에서 목적을 이루시기 위해 보이지 않는 이면에서 가장 큰 역사를 행하시는 분임을 기억해야 한다.

/

하나님이 당신을 사람들과 사건들에
어떻게 연결하셔서
당신을 현재의 자리까지 이끌어주셨는가?

/

최상의 큰 그림

사진에 푹 빠진 내 딸은 애틀랜타 브레이브스 야구팀

의 홈구장인 트루이스트 파크Truist Park 주변에서 사진을 찍는 것을 좋아한다. 사진에 관한 것이라면 뭐든 좋아하게 된 딸은 최근에 완벽한 사진을 찍기 위해 피사체에 집중하는 것이 얼마나 즐거운 일인지를 알려주었다.

하워드 헨드릭스가 최상의 '큰 그림'에 집중함으로써 영원에 이르기까지 얼마나 큰 영향을 미칠지 우리는 알 수 없다. 하지만 그의 영향력 중 일부는 알 수 있다.

하워드가 '큰 그림'을 보면서 여성과 유색 인종이 리더가 되도록 뒷받침했다는 사실은 이미 살펴보았다. 하워드와 복음주의 세계에서 가장 영향력 있는 지도자 가운데 한 명인 토니 에반스 박사 사이의 우정은 우리가 앞서 살펴본 사례 중 하나다.

하워드는 다양한 인생길을 걷는 사람들과 스스럼없이 어울리는 은사를 지니고 있었다. 이것은 그리스도의 몸에서 너무 자주 실종되는 덕목이다. 우리는 하워드를 본받아 우리가 주로 어울리는 부류 밖의 사람들과 관계를 맺기 위해 노력해야 한다. 하워드의 삶을 보면 우리가 맺는 관계의 범위도 넓어질 수 있다. 우리는 이런 면에서 하워드를 본받아야 한다. 하지만 더 중요하게는, 하워드에게 그런 은사를 주신 우리 구주 예수님의 발자취를 따라가야 한다.

외모나 행동, 신념이 당신과 다른 사람들과
소통하는 삶을 살고 있는가?

극도로 분열된 이 세상에서 그리스도의 제자들이 주로 관계를 맺는 범위 밖에 있는 사람들과 소통하는 것이 역사상 그 어느 때보다도 중요해졌다. 하워드의 삶을 조사하면서 그가 최상의 큰 그림을 위해 의견이 맞지 않는 사람들과도 관계를 잘 맺었다는 사실을 발견할 수 있었다. 서로 의견이 일치하지 않아도 얼마든지 관계를 맺을 수 있다. 하워드는 다양성이 존재하는 세상에서 의견 차이와 관계 맺음이 동시에 가능하다는 사실을 우리에게 가르쳐준다.

본받아야 할 원칙

조지아주에 있는 로널드 블루 신탁회사Ronald Blue Trust에 방문하여 '하워드 헨드릭스 룸'에 들어갔을 때 분명한 사실 하나가 눈에 들어왔다. 그 룸에서부터 로비에 있는 역사의 벽까지, 로널드와 하워드가 서로 연결되지 않았다면 오늘날과 같은 로널드 블루 신탁은 없었을 것이다.

로널드 블루는 기독교 재정 관리 분야에서 크게 기여하고 있다. 그리고 그의 회사는 무엇보다도 그가 하워드와 함께 아프리카에 다녀온 결과로 설립되었다는 것이다. 로비에 있는 벽이 그 사실을 증명해준다. 로널드는 이렇게 말했다. "하워드는 엄청난 지혜를 지닌 인물이었습니다. 그리고 그가 하는 말은 믿을 수 있었습니다."[3] 로널드의 회사는 40년 동안 업계에서 성공을 이어가며 350명의 직원을 둔 조직으로 자리를 잡았다.

하워드의 삶에서 우리는 그가 무대 뒤에서 많은 열매를 맺을 수 있었던 여러 원칙을 발견할 수 있다. 다른 사람들에게 영향을 미치고 싶은 사람은 누구든지 배워서 실천할 수 있는 다섯 가지 원칙을 소개한다.

(1) 이타적으로 살라

내가 외운 첫 번째 성경 구절 가운데 하나는 마태복음 20장 28절이다. 이 구절은 예수님이 섬김을 받기 위해서가 아니라 섬기기 위해 오셨다고 분명히 말한다. 하

---

3 로널드 블루, 2021년 3월 18일, 저자와 영상 통화로 나눈 대화.

워드 헨드릭스의 삶을 깊이 파헤치다 보면 결국 이타적인 모습 앞에 이른다.

크로포드 로리츠Crawford Loritts는 하워드에 관한 이야기를 나눌 때 이 점을 처음 언급한 사람이다. 물론 그뿐만 아니라 많은 사람이 동일한 증언을 했다. 로널드 블루도 같은 말을 했다. 로널드와 그의 동료 러스 크로슨Russ Crosson은 내게 로널드 블루 신탁의 역사를 소개하면서 하워드가 견지했던 한결같은 이타주의에 대해 존경심을 표했다. 하워드는 대중의 눈에 띄지 않는 이면에서 다른 사람들에게 자신을 내어주어 사역들이 시작되고 자리를 잡도록 도와주었다.

패밀리 라이프FamilyLife의 회장 데니스 레이니Dennis Rainey도 자신의 사역 단체가 시작된 과정을 이야기하면서 하워드의 이타적인 모습을 언급했다. 그는 하워드가 강연자로 초청되었을 때만이 아니라 회중 사이에 앉아 그들을 격려하기 위해 자기 단체가 주관하는 여러 행사에 찾아왔다고 말했다. 브루스 윌킨슨도 하워드에 관해 비슷하게 평했다. 그는 하워드가 20년 동안 WTB의 이사로 섬기고, 심지어 사비를 써가면서 선교 여행에 참여했다고 말했다.

하워드의 타인 중심적인 태도는 그의 사역 전반에서 그대로 묻어나왔다. 그래서 내가 인터뷰했던 사람들은 모두 그의 이타적인 삶을 인정했다. 크로포드는 이렇게 말했다. "그토록 많은 사람이 그를 존경하고 사랑했던 이유는 바로 그의 이타주의 때문이었습니다."[4]

"하워드는 우리의 첫 번째 고객이었어요." 로널드 블루의 말을 들어보니 하워드와의 첫 만남이 그의 인생에서 결정적인 순간이었음을 알 수 있었다. "하워드는 자신이 은퇴를 잘 준비하고 있는지 알 수가 없다며 제게 자신의 재정 상태를 점검해달라고 부탁했습니다. 신학교 교수였던 그는 많은 돈을 벌지 못하고 있었습니다."[5] 로널드는 요청대로 댈러스로 찾아가 하워드의 재정 상태를 확인한 다음, 잘하고 있다는 진단을 내려주었다.

로널드에 따르면 하워드는 그 말을 듣고 안심했다. 그 만남을 통해 두 사람 사이에 우정이 싹텄고, 그때부터 하워드는 로널드의 오랜 고객이 되었다. 가정의 생계를 책임지려는 모습과 자신의 은퇴 계획을 로널드의 지혜에 맡기는 모습에서 그의 이타적인 마음과 겸손한 태도를 함께 엿볼 수 있다. 흥미롭게도 이 일은 40년 전에 일어났다. 당시 하워드의 은퇴는 까마득히 먼 미래의 일이었다. 하워드는 가족이 재정적으로 건강한 삶을 누리기를

---

4 크로포드, 2021년 2월 16일, 저자와 영상 통화로 나눈 대화.
5 로널드 블루, 2021년 3월 18일, 저자와 영상 통화로 나눈 대화.

그만큼 간절히 바랐다.

(2) 진정한 모습을 보이라

이 책을 출간하기 위한 조사와 집필 활동의 매순간이 즐거웠던 이유 중 하나는 그 과정에서 만났던 사람들 때문이다. 데니스 레이니도 그중 한 명이다.

"이번 일은 절대 실수하지 마세요!"[6] 데니스의 이 말이 지금도 귓가에서 울린다. 데니스는 하워드가 어떤 사람인지를 제대로 보여줘야 한다고 신신당부했다. 바로 그것이 내 목표다!

"하워드는 사람들이 말하는 그대로였습니다." 데니스는 하워드가 자신의 삶에 미친 영향과 패밀리 라이프의 설립에 기여한 공로를 한마디로 그렇게 정리했다. 데니스는 하워드에게 영향을 받았다. 하지만 그의 가정에 영향을 미친 사람은 하워드만이 아니었다. 진 헨드릭스는 데니스의 아내 바바라Barbara에게 영향을 미쳤다. "하워드와 진은 우리 부부에게 귀한 조언을 해주었습니다. 그분들은 우리와 함께 울어주었고 기도해주었습니다."

하워드의 진정성을 살펴보려면 무엇보다도 진의 증언이 중요하다. 나는 다른 누구를 인터뷰하기 전에 먼저

---

6 데니스 레이니, 2021년 10월 26일, 저자와 나눈 대화.

진과 많은 시간을 보냈다. 나는 그녀의 눈을 통해 하워드를 점점 더 알아갔는데, 가장 분명히 보게 된 특성 가운데 하나는 그의 진정성이었다. 아울러 진이 얼마나 놀라운 인격의 사람인지도 알 수 있었다. 내가 인터뷰한 모든 사람의 증언이 귀하지만, 누군가의 진정성과 인격을 가늠하려면 아내가 남편을 어떻게 보는지가 가장 중요하다. 하워드는 진정성 있는 사람이었다. 이것이 그가 그토록 많은 위대한 리더에게 영향을 미친 이유다.

당신의 친구들과 사랑하는 사람들은
당신을 진정성 있는 사람이라고 평가할까?

(3) 자신을 내어주라

우리는 여러 이야기를 통해 하워드가 자신을 내어주는 모습을 살펴보았다. 하지만 하워드는 '노'라고 말할 줄도 아는 사람이었다.

사실 나는 하워드가 다른 사람들과 교류하며 자신을 온전히 내어줄 수 있었던 것은, 아무리 좋은 기회라도 자신에게 맞지 않는 것이라고 판단될 때 거절할 줄 아는 능력 때문이었다고 생각한다.

로널드 블루, 러스 크로슨, 데니스 레이니, 브루스 윌킨슨 등은 하워드에게 '노'보다 '예스'를 들은 적이 훨씬 많았다. 하워드는 사람이든 프로젝트든 한번 헌신하면 자신의 전부를 내어주며 전폭적으로 지원했다. 브루스 윌킨슨이 자신의 석사 논문을 설명하기 위해 찾아왔을 때 하워드의 헌신적인 지원이 WTB의 설립으로 이어진 이야기를 기억할 것이다. 하워드는 시간을 내어 브루스의 말을 들어주고 귀한 피드백을 제공해주었다.

필 터틀은 하워드와 여행하는 것이 좋은 한 가지 이유를 이렇게 밝혔다. "제가 질문하면 그는 얼굴이 환해져서 흔쾌히 대답해주었습니다." 많은 사람이 하워드가 질문을 받으면 기꺼이 대화를 시작하고, 그들의 관심사에 진지하게 귀를 기울여주었다고 회상했다. 자신을 내어주는 것은 이런 모습으로 나타난다.

물론 자신을 내어주는 것은 다른 사람들과 잘 연결되기 위한 열쇠 가운데 하나다. 데니스 레이니에게는 흥미로운 습관이 하나 있었다. 그것은 장례식에 갈 때면 사람들이 고인에 관해서 하는 말을 기록하는 습관이었다. 데니스가 내게 하워드의 장례식장에서 기록한 수첩을 보여주었는데, 여백이 거의 없었다. 수첩에는 하워드가 어떤 사람이었으며 자신에게 얼마나 큰 의미가 있었는지에 관한 말들이 빼곡히 채워져 있었다. 그것은 하워드가 다른 사람들에게 자신을 내어주었다는 증거였다. 아무에게도 자신을 내어주지 않은 사람에 관해서는 할 말이 있을 수가 없다.

이 글을 읽고 나니 어떻게 모든 사람에게 자신을 내어준다는 것인지 엄두가 나지 않는가? 하지만 하워드가 사람들에게 자신을 내어주되 선택적으로 했다는 사실을 기억하라. 앞서 말했듯이 자신을 내어준다고 해서 모든 요청을 다 받아들인다는 뜻은 아니다. 다만 하나님이 자신을 부르고 계신다는 확신이 들 때만 자신을 내어주면 된다. 노스포인트 교회의 담임 목사인 앤디 스탠리는 리더들에게 조언한다. "모든 사람에게 해주고 싶은 것을 한 사람에게 해주라."

⑷ 제자를 증식하라

하워드는 "가서 제자 삼으라"라는 예수님의 말씀이 진지하게 받아들여야 할 명령이라는 것을 너무나 잘 알았다. 그가 평생 그토록 다양한 사역에 참여한 것은 제자 삼는 자의 마음을 보여준다. 로널드 블루 신탁회사에서 WTB와 패밀리 라이프까지 그는 제자를 키우는 다양한 조직에 자신을 쏟아부었다.

진 게츠가 이 책의 출간 프로젝트를 제안하며 기도해 보라고 권했을 때 당연히 하워드의 삶에 관한 책이 이미 출간되었을 것이라고 생각했다. 하지만 놀랍게도 출간된 책은 단 한 권도 없었다. 그때 하워드가 자신과 같은 이름에 수반되는 부와 명성에서 거리를 두기 위해 최선을 다했다는 사실을 깨닫기 시작했다. 그는 오직 예수님께만 스포트라이트가 비치기를 원했다. 그는 진정한 주인공이신 그리스도가 영광을 받으시는 데 방해되지 않도록 자신에게 조금도 관심이 쏠리지 않기를 바랐다. 그는 수십 년 동안 댈러스 신학교에서 교편을 잡았고, 여러 단체의 막후에서 기여했으며, 미국 전역을 넘어 전 세계를 돌며 수많은 강연을 했고, 개인들에게 영향을 미치면서 수많은 사람을 제자로 삼았다. 우리의 직업이 무엇이든 제자 삼는 일이야말로 우리가 받들어야 할 진정한 소명이다.

당신은 제자 삼는 일에
힘쓰고 있는가?

⑸ 다리를 놓는 사람이 되라

앞서 말했듯이 하워드는 앞서가는 사람이었다. 필 터틀에 따르면 하워드는 문화적으로 용인될 수 있는 시대가 오기도 전에 여성들이 댈러스 신학교에서 교수로 채용되고, 토니 에반스 같은 소수인종 학생들이 댈러스 신학교에 입학할 수 있도록 온 힘을 다했다. 하워드 헨드릭스의 인생 원칙에 관한 이 책을 쓰고 있는 흑인으로서 나는 다양성을 비롯한 여러 면에서 시대를 앞서간 그에게 특히 감사한다. 그는 다리를 놓는 사람이었다. 그는 그 일을 위해 필요하다면 기존의 틀을 뒤흔드는 것도 불사했다.

하워드가 무대 뒤에서 애쓴 노력은 수많은 열매로 이어졌다. 지금 우리 눈에 보이는 열매도 있지만, 영원 전까지 보이지 않는 채로 남아 있을 열매도 수없이 많을 것이다.

/

하나님나라를 위해 수고한 데 대해 당신은 지금
칭찬과 인정을 받고 싶은가?
아니면 하나님이 당신을 무대 뒤에서 사용하시도록
그분께 자신을 드릴 수 있는가?

/

영원을 위한 각고의 노력

어린 시절의 가정 환경은 좋지 않았지만, 하워드 헨드릭스는 어떻게든 어머니와 아버지를 전도하려고 애썼다. 그의 아버지 조지는 버지니아주 알링턴에 살았으며, 성공적인 군 생활을 했다. 특히, 그는 조지 S. 패튼George S. Patton 장군 아래서 복무하기도 했다. 그에게는 몇 가지 자랑스러운 이야기가 있었다. 하워드는 가끔 그 이야기를 가까운 사람들에게 들려주곤 했다. 하워드는 나중에 아버지를 알아가면서 아버지를 있는 그대로 받아들이고 존경하기 시작했다.

하워드는 다양한 청중을 대상으로 강연했는데 그 일정에는 늘 교회 강연이 포함되어 있었다. 그래서 그가 알링턴의 한 교회에서 강연 요청 전화를 받은 것은 조금도 특별한 일이 아니었다. 그 주일에 하워드는 그 교회 교인들에게 강연을 마치며 그 지역에서 사는 아버지를 위해 기도해달라고 부탁했다.

아내와 나는 DMV델라웨어주, 메릴랜드주, 버지니아주로 알려진 지역에서 5년간 사역했다. 그래서 알링턴을 잘 알고 있다. 그곳은 북적거리고 생동감이 넘친다. 하워드가 그 교회에서 메시지를 전하고 나서 몇 주가 지난 어느 날, 그 교회의 목사가 교회 밴을 운전하고 가다가 신호등에서 멈추었다. 그때 갑자기 하워드와 비슷하게 생긴 남자가 눈에 들어왔다. 목사가 차를 세우고 이름을 물어보니, 아니나 다를까, 그는 하워드의 아버지 조지였다. 나중에 목사는 조지와 친구가 되어 관계를 쌓기 시작했다. 그 관계는 점점 깊어져서 결국 조지는 그 목사를 통해 예수님을 영접했다.

아버지가 예수님을 영접했다는 소식에 하워드는 뛸 듯이 기뻐하며 하나님과 그 목사에게 깊이 감사했다. 진에 따르면 조지 헨드릭스는 자신의 구원을 위해 기도해 준 손주들에게 감사하다는 말을 전하고 싶었다. 진은 손주 중 한 명이 할아버지에게 예수님을 영접했냐고 물었던 순간을 기억한다. 조지가 기어들어가는 목소리로 "아니"라고 대답하자 그 아이는 이렇게 말했다. "음, 곧 그렇게 되실 거예요. 왜냐하면 우리가 할아버지를 위해 기도하고 있거든요."

나중에 조지는 후두암에 걸렸고, 그 사실을 비밀에 부쳤다. 심지어 하워드에게도 알리지 않았다. 조지는 예수님을 영접한 지 오래지 않아 주님 곁으로 갔다. 하나님은 뜻밖의 만남이라는 놀라운 연결을 통해 하워드로 하여금 영혼의 구원이라는 가장 큰 영향을 미치게 하셨다. 하워드가 버지니아주의 그 교회에서 강연하고 나서 하나님은 그 교회의 목사를 알링턴의 한 분주한 교차로로 인도하여 하워드의 아버지를 발견하게 하셨다. 첫 대화는 둘 사이의 우정으로 이어졌고, 결국 하워드의 아버지가 예수님을 영접하는 결과를 낳았다.

하워드가 많은 만남을 통해 연결을 이룰 수 있었던 것은 우리가 섬기는 하나님이 연결의 하나님이시기 때문이다. 우리가 하나님이 역사하실 줄 믿고 과감히 한 발을 내디디면 하나님이 눈에 보이지 않는 이면에서 연결을 이루어주신다.

필시 하워드는 천국의 문으로 들어갔을 때 자신이 아는 것보다 훨씬 더 많은 연결이 이루어졌다는 사실을 알고서 놀랐을 것이다.

경험은 가장 좋은 스승이다.
단, 깊이 성찰한 경험만 그렇다.

_하워드 헨드릭스

10장.

실망 그리고 열매

삶이 온통 무너져 내리는 경험을 해보았는가? 그래서 하나님이 당신을 사용하실 길이 전혀 없어 보인 적이 있는가? 하워드도 그런 낙심의 순간들을 경험했다. 하워드에게도 되는 일이 하나도 없던 순간이 있었다.

이번 장에서는 낙심할 수밖에 없는 상황에서 어떻게 해야 하는지를 알아보자. 하워드 헨드릭스의 리더십 원칙들을 살펴보면 그는 낙심되는 상황을 효과적으로 헤쳐 나갔을 뿐 아니라 그런 순간에 오히려 생산성을 끌어올렸다. 우리도 그렇게 하는 법을 배울 수 있다. 실망스러운 순간을 바라보는 올바른 시각을 얻으면 실망스러운 일을 흔쾌히 받아들이고 심지어 그 일에서 유익을 얻을 수 있다. 실망 속에서 오히려 목적 의식이 더 날카로워지고 크게 성장하는 계기가 될 수 있다. 로마서 8장 28절은 시련에 대한 올바른 시각을 제시한다. "우리가 알거니와 하나님을 사랑하는 자 곧 그의 뜻대로 부르심을 입은 자들에게는 모든 것이 합력하여 선을 이루느니라."

"모든 것이"

나는 베스트셀러 『생각도 생각이 필요해Soundtracks: The Surprising Solution to Overthinking, 위너북스 역간』의 저자 존 에이커프 Jon Acuff의 열렬한 팬이다. 존은 모든 리더가 머릿속에서 자신을 격려하는 사운드트랙을 계속해서 틀어야 한다고 강조한다. 낙심과 좌절에 맞서 싸우기 위해 당신은 어떤 사운드트랙을 틀어야 할까? 사랑의 사운드트랙을 틀기를 바란다. 즉, 어떤 상황에서도 하나님이 당신을 사랑하신다는 사실을 늘 떠올리기를 바란다.

하워드는 신혼 초 부부 갈등을 겪던 칩 잉그램에게 "이건 풀 수 있는 문제네"라는 격려의 말을 해주었다. 그 말은 하나님의 무조건적인 사랑을 반영한다. 이번 장을 읽는 내내, 지난 장에서 소개했던 하워드의 지혜로운 말인 "이건 풀 수 있는 문제네"를 사운드트랙으로 삼아 머릿속에서 계속해서 틀기를 바란다. 우리가 부딪히는 난관들은 풀 수 있는 문제다. 그것은 우리가 우리의 유익을 바라시는 하나님을 섬기고 있기 때문이다. 그것은 그분이 우리를 사랑하시기 때문이다.

내가 신학교에 다닐 때 한 교수님은 우리에게 친하게 지내는 신학생들의 이름을 적어서 갖고 다니라고 말했다. 그 이유는, 10년 뒤에는 그중 절반 이상이 목회를 하지 않을 것이기 때문이라고 했다. 그의 말이 옳았다. 정신을 똑바로 차리지 않으면 낙심에 무릎을 꿇어 우리의 삶을 향한 하나님의 목적을 이루지 못하게 된다.

낙심과 싸워서 지지 않으려면 하나님의 말씀으로 시작해야 한다. 성경은 우리 삶에 문제가 찾아온다고 분명히 말한다. 때로 문제가 우리의 예상보다 훨씬 더 자주 찾아온다. 요한복음 16장 33절은 낙심에 대해서뿐 아니라 낙심 속에서 번영하는 법을 알려준다. 예수님은 이렇게 말씀하셨다. "이것을 너희에게 이르는 것은 너희로 내 안에서 평안을 누리게 하려 함이라 세상에서는 너희가 환난을 당하나 담대하라 내가 세상을 이기었노라."

하워드의 삶에도 실망스러운 일이 가득했다. 하지만 우리는 그가 실망스러운 순간에 무엇을 했는지를 보고 배울 수 있다. 하나님은 우리가 실망스러운 상황에서 그분의 목적을 찾을 수 있도록 그분의 말씀과 사운드트랙을 주셨다. 이 사실을 기억하면서 부정적인 상황을 다루기 위한 몇 가지 실천적인 단계를 살펴보자.

(1) 문제를 예상하라

우리는 모두 문제, 실패, 상실 등을 경험한다. 하지만 중요한 것은 그런 문제를 통해 자신의 정체성을 바라보느냐 하는 것이다. 앞서 살폈듯이 하워드 헨드릭스도 이런 문제들을 경험했다. 그의 삶도 완벽과는 거리가 멀었다.

하워드가 겪었던 어려움 중 하나는 시력 문제였다. 진은 하워드가 병원에서 오른쪽 눈의 시력을 잃고 평생 안대를 하고 살아야 할지도 모른다는 진단을 받았다고 했다. 그때 하워드는 이렇게 말했다. "그것이 하나님의 뜻이라면." 이것은 보통 사람은 이해하기 힘든 태도다. 하워드는 하나님의 뜻이라면 그 어떤 불편도 받아들일 수 있었다. 당신도 그렇게 말할 수 있겠는가? 하나님의 뜻이라면 괜찮다고 말할 수 있겠는가? 우리는 자신의 힘으로 통제할 수 없는 세상에 살면서도 어떻게든 상황을 통제하려고 할 때가 너무도 많다.

예수님이 5천 명을 먹이신 이야기를 살펴보자. 이 이야기를 읽으면 사역자들은 사람들이 끊임없이 밀려오는 상황을 떠올리게 된다. 기적이 일어날 무렵 사람들은 예수님과 그분의 목적을 의심하기 시작했다. 리더라면 이런 상황에 처해본 경험이 있을 것이다. 사람들이 우리가 하는 일에 대해 의문을 제기할 때가 있다. 그런데 놀랍게도 성경 어디에서도 예수님이 그들을 비난하시는 장면은 찾아볼 수 없다. 그들은 저마다 문제를 안고 예수님을 찾아왔다. 아울러 그들은 아직 식사를 하지 못했기 때문에 배도 고팠다. 요한의 기록(요 6:1-12)은 예수님이 5천 명의 영적 필요만이 아니라 육체적 필요를 다루셨다는 점을 보여준다. 이 외에 여성과 아이도 수천 명이 있었을 것으로 보인다.

우리는 문제에 부딪힐 때 실망하고 좌절할 수 있다. 주변의 부정적인 목소리들까지 거들면 우리는 그야말로 주저앉기 쉽다. 예수님은 심지어 제자들의 패배주의적인 태도까지 다루셔야 했다. 예수님의 편에 서야 하는 이들이 오히려 그분을 의심했다. 문제가 닥쳤지만 답이 없어 보일 때 당신은 어떻게 하는가? 우리는 그 문제를 들고 예수님을 찾아가야 한다. 그러면 예수님이 우리의 문제를 다루어주신다.

　　—예수님은 우리의 문제를 해결해주신다. 5천 명이 넘는 사람을 먹이신 분이기에 우리의 문제를 얼마든지 해결해주실 수 있다. 예수님이 기적을 행하시는 하나님이시라는 사실을 잊기 쉽다. 예수님은 기적을 행하시는 분이다.
　　—예수님이 개입하시면 우리를 낙심하게 하는 목소리들이 잠잠해진다.

삶이 뜻대로 풀리지 않는 상황에서도
소명을 좇아 살고 있는가?

　문제가 생겼을 때 쩔쩔매는 모습, 약한 모습을 보이고 싶은 리더는 어디에도 없다. 특히, 주변 사람이 우리가 하는 일에 의문을 품고 있을 때는 더더욱 그런 모습을 보이고 싶지 않다. 그럴 때 우리는 하나님께 부정적인 말을 하는 사람들을 다루어달라고 요청해야 한다. 우리 자신의 의견이 중요한 것처럼 보이는 세상에서 우리의 문제를 하나님께 맡기기란 쉽지 않다. 만일 당신이 작가라면 글쓰기가 외로운 작업이라는 사실을 알 것이다. 오로지 자신과 스크린, 키보드뿐이다. 그래서 이 책을 쓰는 내내 나는 글의 아이디어가 떠오르지 않아 낙심이 밀려올 때마다 친구들의 도움을 받아야 했다. 우리는 이 여행을 함께하고 있으니 모든 것을 솔직히 고백하겠다. 오늘은 정말 힘이 쭉 빠지는 날이었다. 리더의 자리에서 무거운 문제와 씨름하는 친구들에게 여러 번 전화를 받다 보니 내 기분도 함께 가라앉았다.

이야기할 친구가 있다는 것은 말할 수 없이 귀한 선물이다. 진 게츠가 내게 그런 친구다. 그와 함께하는 동안 나는 예수님이 5천 명을 먹이신 사건에 관한 통찰을 구했다. 그때 게츠는 이렇게 말했다. "예수님은 상황을 완벽히 통제하셨네." 예수님이 상황을 온전히 통제하시니 부정적인 말을 하는 사람들을 다루어주실 것이다.

(2) 기폭제로 보라

부정적인 과거는 오히려 우리를 향한 하나님의 계획을 폭발적으로 추진시키는 기폭제가 될 수 있다. 예를 들어, 하워드는 형편없는 교사가 어떤 모습인지를 뼈저리게 경험했기에 훌륭한 교사가 되기 위해 노력할 가치가 있다는 것을 알았다. 하워드는 하나님의 지혜를 믿은 덕분에 힘들었던 과거의 구속적인 측면을 받아들일 수 있었다. 하나님은 시련을 사용하셔서 선한 결과를 끌어내셨다.

하워드는 사람들을 두려워하지 않았다. 오히려 사람들을 사랑하고 받아들였다. 우리는 실망스러운 순간을 지날 때면 수치심에 숨고 싶을 때가 있다. 그러나 하워드는 그렇게 하지 않았다. 결국 그는 하나님이 자신의 삶에 두신 한 목회자의 도움으로 휘튼 대학교에 들어갈 수 있었다. 하나님은 거절과 방해를 그분의 영광을 위해 사용하셔서 최상의 결과를 이루어내셨다.

시련을 받아들이라. 시련은 하나님에게서 온 것일 수 있다. 하나님은 뜻밖의 좋은 결과를 위한 기폭제로 시련을 사용하실 수 있다. 예를 들어, 하워드와 마이클 캣이 만나게 된 이야기를 들어보라. 마이클은 셔우드 침례교회Sherwood Baptist Church에서 목회했는데, 거기서 셔우드 프로덕션Sherwood Productions의 창립자들인 켄드릭Kendric 형제를 멘토링했다.

"1970년대 중반에 우리는 제가 지금 살고 있는 개틀린버그의 한 콘퍼런스에서 만났습니다. 콘퍼런스가 열린 호텔의 로비에서 저는 하워드를 처음 만났어요." 마이클은 그렇게 회상했다. "하워드와 스튜어트 브리스코Stuart Briscoe는 콘퍼런스에서 함께 강연하고 있었습니다. 이전에 저는 두 사람에 관해 들어본 적이 없었어요. 오클라호마 침례대학교Oklahoma Baptist University의 관계자가 그들에 관해 듣고서 제게 하워드 박사에 관해 알려주었습니다. 그래서 그 콘퍼런스 소식을 듣고서 꼭 참석해야겠다고 생각했어요. 우리는 로비에서 잠깐 만났는데, 그때부터 우정이 시작되었습니다."[1]

---

1 마이클 캣, 2021년 7월 27일, 진 헨드릭스 그리고 저자와 줌으로 나눈 대화.

이 출간 프로젝트를 진행하면서 인상 깊었던 사실은 하워드가 힘든 일들을 만나고 실패를 겪으면서도 다른 사람들을 소중히 여기고 품어주었다는 것이다. 그래서 나는 실망감을 물리치기 위해 다음과 같은 원칙을 적용하려고 한다. "삶에서 만나는 실망스러운 순간을 주변 사람을 격려할 기회로 삼으라. 그렇게 되면 다른 사람들이 용기를 얻어 큰일을 할 수 있다." 하워드가 직접 이런 말을 하지는 않았지만, 분명 이 원칙을 실천했다. 그는 사람들이 하나님의 소명을 감당하도록 격려하고 용기를 주기 위한 하나님의 도구로 기꺼이 쓰임받았다. 그는 마이클 캣에게 그렇게 해주었다. 마이클은 하워드에게 배운 것을 다음과 같이 회상했다.

하워드의 배경과 어린 시절로 미루어볼 때 그는 무엇보다도 자신이 그리스도 안에서 누구인지를 깨달았던 것이 분명하다. 그리스도 안에서 자신이 누구인지를 아는 사람을 만나면 그는 우리도 그리스도 안에서 누구인지를 알고 그 정체성대로 살도록 격려해준다. 하나님은 우리가 복제 인간으로 살도록 구원하지 않으셨다. 그러니까 세상에 또 다른 하워드 헨드릭스는 전에도 없었고 앞으로도 없을 것이다. 하워드 헨드릭스는 우리 모두에게 하나님이 각자 주신 모습대로 살아갈 자유를 주었다. 이것이 목회자부터 평신도에 이르기까지 더없이 다양한 사람들과 사역에서 그의 DNA와 지문을 볼 수 있는 이유다.

하워드는 거절과 낙심의 상처를 다른 사람들에게 숨기지 않았다. 오히려 아픈 상처를 과감하게 털어놓았다. 마이클 캣은 하워드가 어릴 적 경험한 거절과 낙심을 자신을 제한하는 이유로 사용하지 않았다고 말한다. "그를 보면 하나님이 모태에서 지으신 예레미야가 떠오릅니다. 하워드에 관한 모든 것을 알지는 못하지만, 그가 오늘날 목회자를 비롯해서 많은 사람이 하는 것을 하지 않았다는 사실만큼은 압니다. 그들은 하워드와 달리 과거에서 배워 훌륭한 사역을 일구어내지 않고 과거를 계속해서 변명거리로만 삼고 있습니다." 참으로 옳은 말이다. 하워드는 당신도 할 수 있는 것을 했다. 이 여행을 함께하는 동안 우리는 그에게서 배운 여러 교훈을 깊이 되새기는 시간을 가졌다. 책을 내려놓고 잠시 멈추어 거절과 낙심, 좌절을 모두 하나님 앞에 온전히 내려놓는 리더가 되는 것이 무슨 의미인지를 생각해보는 시간을 가지라.

당신이 과거에 겪은 거절과 낙심과 좌절을

하나님 앞에 내려놓는 기도문을 쓰라.

당신 안에서 오직 하나님만 하실 수 있는 일을 해주심으로

그 모든 과거를 그분의 영광을 위해

사용해달라고 요청하라. 단, 명심할 것이 있다.

하나님은 우리를 실망스러운 상황으로 이끄신 다음,

그 일을 통해 우리로 하여금 비슷한 상황에 처한

다른 사람들을 격려하여

그분의 뜻대로 살게 하실 때가 많다.

(3) 협력하라

　문제가 일어날 때는 사람이 관련된 경우가 많다. 하지만 동시에, 문제를 해결하기 위해서는 개인적인 성찰만큼이나 다른 사람들과의 연결이 필요하다. 그런데 낙심과 싸울 때는 다른 사람들과 연결되는 것이 생각만큼 쉽지 않다. 여느 사람들처럼 하워드도 때로 문제를 잘못 다루었다. 하워드의 삶에 관해 조사하던 중, 한 사람은 하워드가 때로 주변의 문제를 무시하고 방치했다고 말했

다. 그는 문제를 다룰 때 하워드는 협력하기 힘든 사람이었다고 토로했다. 하워드는 심지어 자기 자신의 개인적인 문제도 방치하는 경향이 있었다고 했다.

/

당신이 이끄는 사람들이 낙담에 잘 대처하도록
어떻게 가르칠 것인가?
깊은 상처를 받은 사람들을 멘토링하기 위해
어떤 계획을 갖고 있는가?

/

문제를 다루다 보면 갈등에 휩싸이기 쉽다는 점을 우리는 모두 겪어봐서 잘 안다. 많은 목회자와 리더가 이전 교회에서 문제를 다루다가 상처를 입고서 자신의 사역과 마음 주위로 담을 쌓았다. 그래서 사람들은 더는 그들에게 가까이 다가갈 수 없다. 현실을 직시하자. 때로 양들은 문다! 그럴 때 그것을 불쾌하게 여겨 사람들이 다가오지 못하도록 장벽을 쌓기 쉽다.

사도 바울은 다른 신자들의 손에 큰 고난을 당했다. 하지만 그는 사람들을 피하는 쪽으로 반응하지 않았다.

진 게츠에 따르면 그는 오히려 사람들과 함께 사역했다. "바울은 언제나 팀과 함께 사역했습니다." 게츠는 내게 그렇게 말했다. 하워드는 매우 독립적인 성향의 사람이었지만, 사람들을 미워하거나 피하지 않았다. 오히려 정반대였다. 하워드는 늘 사람들과 소통하며 만났다. 그는 2010년에 은퇴한 뒤에도 제자 훈련 그룹의 학생들과 계속해서 만났다. 그는 죽기 직전까지도 사람들과 삶을 나누기를 원했다.

하워드는 캠퍼스 안에서만큼이나 밖에서도 다른 사람들과 협력했다. 그는 강연 사역에 열심을 다했다. 그러다 보니 여러 교회와 단체에서 강연하기 위해 수업이 끝나자마자 공항으로 달려가는 일이 비일비재했다.

교회와 이렇게 협력한 덕분에 오랜 세월 많은 목회자가 하워드에게 놀라운 영향을 받았다. 댈러스 신학교에서 교수로 보낸 초창기 시절 하워드가 다른 사람들에게 미친 영향은 주로 장로교회에서 섬기게 될 학생들을 훈련하는 것이었다. 당시는 미국 역사에서 교파주의가 강했던 시기였다. 하워드는 텍사스주 포트워스 소재 웨스트민스터 장로교회Westminster Presbyterian Church의 중·고등부 전도사였다. 그는 신학교에 다니는 동안 이 사역을 맡았다. 그래서 그 교회에서 담임 목사직이 공석이 되자 자신이 유력한 후보일 것이라 생각했다. 학생들과 부모들 사이에서 자신의 높은 인기를 생각하면 그 교회가 당연히 자신을 목사로 세울 줄 알았다. 하지만 진 헨드릭스에 따르면 그 교회의 한 집사는 생각이 달랐다. "그 집사는 손가락을 하워드의 가슴에 대고 '엉뚱한 신학교를 나오셨잖아요'라고 말했습니다."

⑷ 좋은 것을 기대하라

이토록 실망스러운 상황에서 무슨 좋은 것이 나올 수 있었을까? 점을 서로 연결하여 하나님의 역사를 보자.

· 첫 번째 점: 그 교회의 리더들은 젊은 하워드 헨드릭스를 담임 목사로 세우는 것을 거부했다.

· 두 번째 점: 하워드는 사람들을 사랑하고 중·고등부 전도사로 충성스럽게 섬겼다. 그 결과, 열한 명의 집사와 장로는 그가 교회를 개척하도록 도왔다. 하워드는 작은 일에도 최선을 다해 섬겼다.

· 세 번째 점: 새로운 교회가 탄생했고, 거기서 하워드는 2년간 목회했다.

진 헨드릭스는 하워드가 교회를 개척했던 때가 그들의 삶에서 매우 중요한 시기였고 즐거운 시간이었다고 말한다. 하지만 하워드는 자신이 교육을 더 받아야 한다고 판단했다. 그는 이미 중·고등부 전도사였지만, 학교에 다시 입학해 아이들을 포함해 청소년들과 더 잘 소통하는 법을 배워야 한다고 생각했다. 그래서 그는 기독교 교육을 공부하기 위해 휘튼 대학교에 다시 입학했다. 당시에는 휘튼 대학이 미국에서 이 분야의 교육을 배울 수 있는 유일한 대학이었다. 진에 따르면 그것도 여름에만 강좌가 있었다. 이는 나중에 하워드가 뉴욕 대학교New York University에 입학하여 기독교 교육을 전공하는 계기가 되었다.

·네 번째 점: 하워드는 교회를 떠나 휘튼 대학과 뉴욕 대학에서 대학원 공부를 했다.

·다섯 번째 점: 댈러스 신학교의 공동 설립자이자 총장이었던 루이스 스페리 쉐퍼Lewis Sperry Chaffer 박사가 세상을 떠난 뒤 새로운 총장 존 월부어드 박사는 하워드에게 신학교로 돌아와 전임교수로 학생들을 가르쳐달라고 청빙했다.

하워드가 댈러스 신학교로 돌아가는 일은 쉽지 않았다. 많은 난관이 잇따랐다. 그때 하워드가 원망을 품었다면 우리는 현대 기독교 역사상 가장 위대한 리더 중한 명을 잃었을 것이다. 그랬다면 많은 사람의 삶이 크게 달라졌을 것이다. 사람에게 당하는 거부는 하나님의 보호라는 말이 있다. 그 장로교회의 그 집사가 하워드를 거부하지 않았다면 우리는 댈러스 신학교를 통해 하워드가 미친 위대한 영향력의 유익을 놓쳤을지 모른다. 지금 당신이 읽고 있는 이야기가 탄생한 것은 하워드가 댈러스 신학교로 돌아가기로 결심했기 때문이다.

· 여섯 번째 점: 하워드는 댈러스 신학교로 돌아가 60년간 학생들을 가르치면서 수많은 제자를 유산으로 남겼고, 다시 그 제자들은 자신만의 유산을 만들어가고 있다. 하워드는 거부라는 난관에 굴복하지 않고 자신의 삶을 발전시켰다. 그의 영향력은 심지어 이 책의 저자인 나에게까지 미쳤다.

* * *

하워드가 하나님나라를 위해 미친 모든 영향은 오직 하나님만 아신다. 하지만 우리의 시각에서 그가 끼친 영향을 아주 조금만 엿보아도 가슴이 뛸 정도다. 하워드는 빌리 그레이엄 복음주의협회Billy Graham Evangelistic Association 와 코브 수련 센터, 셔우드 프로덕션의 마이클 캣, 칙필레, WTB, 패밀리 라이프, 론 블루 신탁회사, 댈러스 카우보이스, 그리고 이 외에도 수많은 사역 단체와 조직과 리더에게 큰 영향을 미쳤다.[2] 나아가, 영어권 국가에서 '가

---

2 이 외에도 하워드는 대학생 선교회(CCC), 약속을 지키는 사람들 (Promise Keepers), 네비게이토 선교회(The Navigators), 서치 미니스트리(Search Ministries), 무디 성경 학교 등에서 명강연을 펼친 인

장 뛰어난 설교자' 열두 명에 꼽힌 사람 중 세 명이 하워드의 사역에 직접적인 영향을 받았다. 그 세 사람은 바로 척 스윈돌Chuck Swindoll과 앤디 스탠리와 토니 에반스다.[3]

기 강사였다. *The Dallas Morning News*, 2013년 2월 24일, https://obits.dallasnews.com/us/obituaries/dallasmorningnews/name/howard-hendricks-obituary?id=20467321.

3 "Baylor University's Truett Seminary Announces 12 Most Effective Preachers in the English-Speaking World," 2018년 5월 1일, https://www.baylor.edu/mediacommunications/news.php?action=story&story=198528.

하나님의 말씀은 본질상 강한 내구력을 지닌다.
끊임없이 공격을 받아도 견딜 수 있다.

_하워드 헨드릭스

11장.

앞을 향하여

댈러스 신학교 캠퍼스 안에 있는 '하워드 G. 헨드릭스 크리스천 리더십 센터' 앞에 서 있자니 그저 탄성밖에 나오지 않았다.

앞에서 우리는 하워드 헨드릭스를 뛰어난 멘토이자 리더로 만들어준 원칙을 깊이 파헤쳤다. 우리는 그의 영향력이 어떻게 다른 영향력 있는 리더들을 키워냈는지 살폈고, 그런 원칙들을 우리 자신의 삶에 어떻게 적용할지에 관해 고민하는 시간을 가졌다. 이 과정에서 우리는 하나님이 우리를 영향력 있는 리더로 만드시기 위해 무엇을 예비하셨는지를 발견했다.

나는 아무리 봐도 농부와는 거리가 먼 사람이다. 그런데도 지금까지 나는 몇 그루의 나무를 심었다. 사실, 그 나무들 대부분은 죽었지만, 내가 어릴 적에 심은 나무 한 그루는 지금까지 잘 살아 있다. 나는 플로리다주 올랜도에 그 나무를 심었다. 그곳은 사람보다 야자나무가 더 많은 지역이다. 아버지가 땅을 파고 나서 다섯 살짜리 꼬마인 내게 내 키보다도 작은 나무를 심고 물을 붓게 해주시던 순간이 지금도 생생하게 기억난다. 현재 그 나무는 웬만한 야자나무보다도 높이 뻗어 우리집 마당을 온통 뒤덮고 있다. 폭풍과 허리케인이 여러 번 닥쳤지만, 그 나무는 쓰러지지 않았다.

리더와 멘토를 비롯해 영향력을 발휘해야 하는 역할을 맡은 모든 이는 그 나무와 같아야 한다. 훗날 당신이 리더 자리에 있던 시절을 돌아볼 때 꿋꿋하게 버티며 많은 열매를 맺었다고, 하나님이 맡겨주신 귀한 사람들을 영향력 있는 리더로 잘 길러냈다고 자신 있게 말할 수 있게 되기를 바란다. 무디 성경 학교의 전 총장 조셉 스토웰이 나와 함께한 인터뷰 시간이 끝날 무렵에 했던 말이 기억난다. 그는 하워드가 '하나님나라의 사람'이었다고 말했다. 이번 장에서는 하나님나라가 도래할 것을 알고서 앞을 바라보는 리더가 되는 것이 무슨 의미인지를 탐구해보자.

"저는 하워드가 품어준 사람 중 하나였습니다. 그는 제가 목회자로 사역하는 내내 관심을 갖고 지켜보았습니다." 어빙 바이블 교회Irving Bible Church의 은퇴 목사 앤디 맥퀴티_{Andy McQuitty}는 그렇게 말했다. 그리고 이렇게 덧붙였다. "그는 제게 특별한 관심을 기울여주었습니다. 하나님은 그를 사용하셔서 제가 신학교의 결승선을 넘도록 도와주셨습니다."[1]

앞을 바라보면서 되돌아보기

앞을 바라보면서 하워드가 가르쳐준 것들을 간단히 되돌아보자. 이 글을 쓰는 작업과 당신과 함께해온 이 여행은 내 사역 인생에서 가장 큰 기쁨 중 하나였다. 당신에게도 귀한 시간이 되었으리라 믿는다. 이제 우리가 각자 시작할 여행을 바라보면서 하워드가 가르쳐준 것을 간단히 되돌아보자.

(1) 다시 일어서라

목사이자 저자인 앤디 맥퀴티는 하워드의 털털한 성격을 보여주는 이야기 한 토막을 들려주었다. 그가 그 이야기를 하면서 껄껄 웃었다는 사실을 밝혀도 하워드는 기분 나빠하지 않으리라 믿는다.

---

1 앤디 맥퀴티, 2022년 8월 1일, 저자와 줌으로 나눈 대화.

제가 댈러스 신학교를 졸업한 지 10년쯤 되었을 때였습니다. 저는 어빙 바이블 교회에서 목회하고 있었고, 우리 교회는 큰 전환점을 맞아 성장하고 있었습니다. 1987년 처음 어빙 바이블 교회에 부임했을 때 하워드 목사님을 초빙해서 설교를 들었습니다. 우리는 교제실을 본당으로 사용하고 있었습니다. 무대와 장치들 위에는 스포트라이트가 있었습니다. 하지만 설교자는 어두컴컴한 안에서 밝은 무대로 걸어나가야 했습니다. 당시에는 주일 예배를 두 번 드렸습니다. 저는 교수님이 설교하러 나가시기 전에 안쪽에서 함께 있었어요. 어두웠기 때문에 제가 그분을 강단으로 안내할 예정이었습니다. 그런데 갑자기 그분이 앞장서서 걸으시다가 제게 걸려서 넘어지셨습니다. 뒤를 돌아보니 굴러 떨어지고 있었습니다. 당시 그분의 나이는 칠십 대 중반이었습니다. 제가 우리 교회에서 설교해달라고 초청했는데 그분이 어두운 곳을 걸으시다가 그만 넘어지신 것입니다. 머릿속에서 온갖 끔찍한 생각이 떠올랐습니다. 그런데 그분이 바닥에서 벌떡 일어나시더니 옷을 털며 말씀하셨습니다. "나는 괜찮네."

앤디 맥퀴티가 전해준 일화는 하워드에 관한 많은 이

야기를 기억나게 했다. 하워드는 육체적으로나 비유적으로나 오랫동안 쓰러져 있지 않았다! 하나님은 우리가 그분을 믿고 다시 일어나 그분이 우리를 위해 예비하신 여행에 동참할 수 있는 사람인지를 알기 원하신다.

(2) 도움을 요청하라

나의 아내는 상담가다. 그래서 나는 전문 상담가가 어떤 것을 제공해줄 수 있는지 누구보다 잘 알고 있다. 하워드는 전문 상담의 가치를 알았다. 그것은 당시로서는 시대를 매우 앞서가는 생각이었다. 리더로 사역하다 보면 훈련된 전문 상담가를 만나는 것이 필요할 때가 온다.

하나님이 내 인생에 훌륭한 상담가를 보내주신 덕분에 지금 나는 하나님이 부르신 일을 잘 해나가고 있다. 나는 5백 명이 넘는 영향력 있는 리더를 인터뷰했는데, 그들 중 상당수는 상담이 아니었다면 자신이 지금 하고 있는 일을 못 했을 것이라고 말했다. 상담가를 찾아가도 괜찮다! 상담을 통해 당신이 기다려온 새로운 출발을 얻게 될지도 모른다.

(3) 용서하고 용서를 구하라

사역하다 입은 상처를 다룰 때 어려운 점 가운데 하나는 상처를 준 사람들을 용서하는 것이다. 또한 나는 실패가 몰고 온 수치와 창피함을 극복하는 법을 배워야 했다. 위대한 리더도 모두 실패를 경험했다. 하워드도 문제를 겪었고, 가족이 처한 안타까운 상황으로 인해 수치심에 시달렸다. 하지만 그는 비판이나 가족의 문제로 하나님의 소명을 추구하는 일을 그만두지 않기로 선택했다. 그는 다른 사람들을 용서하는 법을 배웠다. 하워드에게 용서가 얼마나 중요했는지를 생각해보라. 용서가 없었다면 그는 분노 속에서 평생을 살았을 수도 있었다. 그렇게 되면 댈러스 신학교 최고의 교수 중 한 명이 될 수 없었을 것이다. 현대 기독교계의 가장 위대한 리더 중 한 명이 되지 못했을 것이다. 용서하라. 그리고 하나님이 당신 앞에 두신 비전을 추구하라.

당신의 삶에서 무엇을 털어버려야 하는가? 하워드에게 그것은 부정적인 말을 하는 사람들이었다. 특히, 댈러스 신학교에서 신입 교수 시절에 자신을 거부했던 사람들에 대한 미움을 내려놓아야 했다. 물론 이것은 쉽지 않았다. 하지만 용서하면 하나님의 은혜를 입는다. 그렇다고 해서 우리가 상처와 거절감을 잊게 된다는 뜻은 아니다. 다만 과거에 짓눌려 살지는 않을 수 있다. 그러니 과거를 털어버리라!

당신은 무엇을 털어버려야 하는가?

분명한 시각으로 미래를 맞이하기 위해

무엇을 내려놓아야 하는가?

원수의 무기고에 있는 무기 중 하나는 혼란이다. 혼란은 하나님이 우리의 삶에 두신 비전을 보지 못하게 한다. 용서하지 않는 것은 하나님이 리더의 삶에 두신 비전과 목적을 파괴하는 가장 빠른 길이다.

(4) 가족과 공동체를 소중히 여기라

내 아내의 위로와 격려가 없었다면 지금의 나는 어떻게 되었을지 알 수 없다. 괜찮을 것이라는 아내의 격려와 조언에 너무도 감사한다. 하워드 헨드릭스에 관해서 조사하는 내내 나를 사랑해주는 친구들의 공동체가 이 작업을 계속해서 할 수 있는 원동력이 되었다. 사역이 흔들릴 때 그들이 나를 붙잡아주지 않았다면 지금의 나는 없을 것이다. 하워드의 삶에는 그를 깊이 존경하는 사람이 정말 많았다. 내가 이 프로젝트를 위해 도움을 요청했을 때 거절한 사람은 몇 명뿐이었고, 그들마저도 나의 건강 문제와 다른 일정들 때문에 나를 말린 것일 뿐이었다. 하워드는 많은 사람에게 사랑을 받았다. 그의 아내 진과 친구들의 공동체가 없었다면 오늘날 우리가 아는 하워드 헨드릭스는 없었을 것이다.

최근 누군가가 다른 사람들 없이도 살 수 있도록 노력하고 있다고 말했다. 그런 마음가짐은 교만한 것이라고 나는 말해주었다. 사람은 하나님이 사용하시는 가장 중요한 자원이다. 하나님이 우리 안에 두신 것을 끌어내려면 가족과 공동체가 반드시 필요하다.

(5) 감사하라

하나님이 내 요청을 들어주신 것뿐 아니라 들어주시지 않은 것에 대해서도 진심으로 감사한다. 하워드는 자신의 인생에서 만난 사람들에 대해 진심으로 감사했다. 그는 이 땅의 삶을 다하는 날에 아내에게 깊이 감사했다. "당신은 나를 진정으로 사랑해주었소." 감사하는 마음은 하나님이 우리를 위해 예비하신 비전과 목적을 향해 충성스런 발걸음을 내딛게 한다. 아울러 하나님이 과거에 해주신 모든 일을 돌아보며 그분이 우리를 위해 예비하신 것들에 대해 확신할 수가 있다.

이제 하워드가 다른 사람들을 멘토링하고 영향력을 미치기 위해 썼던 원칙들을 사용하여 진취적인 리더가 되기 위한 단계들을 살펴보자. 우리가 함께하는 여행의 나머지 시간에는 우리 앞에 놓인 일들을 적극적으로 추구하는 리더가 되기 위해 사용할 수 있는 단계들과 도구들을 살펴보자.

하워드의 영적 도구

(1) 하나님의 말씀을 귀하게 여기라

하워드는 자신에게나 자신이 멘토링했던 모든 리더에게나 궁극적인 도구는 바로 하나님의 말씀이라는 점을 이해했다. 많은 사람이 하나님의 말씀을 제대로 이해하지 못하고 있었지만, 하워드는 그 말씀을 누구보다도 정확히 알고 있었다. 그는 하나님의 말씀을 가장 중시했고, 주변 모든 사람이 그 말씀을 알기를 원했다. 그가 그토록 많은 열매를 거둘 수 있었던 것은 무엇보다도 성경을 가장 중시하고 주변 모든 사람도 자신처럼 성경을 경험하게 만들겠다는 열정 덕분이었다. 그는 하나님의 말씀을 가르치는 일을 그 무엇보다도 중요하게 여겼다. 그는 이 소명에 시선을 고정한 덕분에 덜 중요한 것들에 한눈을 팔지 않았다. 또한 그런 모습에 많은 사람이 그에게 끌렸다. 로버트 제프리스Robert Jeffress 박사도 그런 사람 중 한 명이었다.

로버트는 이렇게 말했다. "제가 처음 하워드를 만난 것은 열다섯 살 때였습니다. 당시 저는 댈러스의 버지니아 서점Virginia's Bookstore에서 일하고 있었어요. 제가 맡은 일은 우리가 CCC를 후원하기 위해 마련한 저자 강연회를 준비하는 것이었습니다. 강연회가 시작되자 저는 몰래 들어가서 강연을 듣기로 결심했습니다. 그런 강연하워드의 강연은 처음 들어봤어요. '저분이 누구인지 모르겠지만, 어떻게든 알아내서 저분이 가는 곳이라면 어디든 따라갈 것이다'라고 생각했습니다." 로버트는 이렇게 덧붙였다. "몇 년 뒤 제가 댈러스 신학교에 간 것은 하워드 헨드릭스 때문이었습니다."**2**

로버트의 이야기가 독특한 것은 그가 댈러스 신학교에 입학한 이유가 아니라 당시 그가 겨우 고등학생이었다는 사실 때문이다. 하워드는 누구에게나 영향을 미치는 능력이 있었다. 로버트는 하워드의 인품과 능력에 반하기도 했지만, 그가 하워드에게 끌린 결정적인 이유는

---

2 로버트 제프리스, 2021년 6월 7일, 저자 그리고 진 헨드릭스와 전화로 나눈 대화.

성경을 사랑하는 그의 열정이었다. 로버트는 대학교를 마치자마자 자신이 최고로 여기던 하워드에게 배우기 위해 바로 댈러스 신학교에 입학했다.

　제프리는 이렇게 말했다. "제가 댈러스 신학교에 간 것은 성경의 무오성을 믿은 하워드 때문이었습니다. 하지만 그는 성경의 적용도 중시했습니다. 그는 성경을 어떻게 적용할지 알았습니다. 이것이 당시 그가 그토록 참신한 깨우침을 전하는 사람이 될 수 있었던 이유입니다." 사람들은 이런 참신한 깨우침으로 인해 그를 사랑했다. 그런데 그 참신한 깨우침은 다름 아닌 하나님과 함께한 시간에서 비롯했다. 하워드가 주기적으로 하나님과 양질의 시간을 보내는 모습이 인상 깊었다고 말한 리더가 많았다. 진도 남편이 하나님과 보낸 시간이 가장 기억에 남는다고 말했다.

　하워드의 행동들에서 우리는 성경이 그의 삶에 미친 영향을 분명히 볼 수 있다. 물론 하워드는 완벽한 사람이 아니었다. 그는 많은 영역에서 문제점을 안고 있었다. 그런데도 그의 삶은 그가 늘 하나님과 함께하고 성경의 영향을 받았다는 점을 확실히 보여준다. 하워드의 진취적이고 시대를 앞서는 리더십을 탐구하면서 이 점을 꼭 기억하기를 바란다.

⑵ 자신이 누구의 것인지를 알라

하워드는 자신이 있어야 할 자리를 알았다. 그의 자리
는 바로 제자가 되는 것이었다. SNS에 몰두하는 세상,
그래서 다른 사람들의 의견에 지나치게 연연하는 세상에
서 하워드는 자신이 누구에게 속한 사람인지를 알았다.
하워드가 댈러스 신학교에서 그토록 오랫동안 학생들을
가르친 이유가 뭐라고 생각하느냐는 질문에 나는 그가
자신이 제자라는 사실을 알았기 때문이라고 대답했다.

당신은 그리스도의 제자를 어떻게 정의하는가?
그 정의가 그리스도의 뜻과 당신 자신의 뜻 중
무엇과 더 일치하는가?

⑶ 시대를 이해하라

브룩 헴필Brooke Hemphill은 바나 리서치Barna Research의 부
사장이다. 바나 리서치는 교회와 관련해 중요한 트렌드
를 조사하는 기독교 전문 리서치 회사다. 브룩은 우리가
그리스도를 위해 살라는 명령과 소명을 받았다는 점을

분명히 지적했다. 그에 따르면 심지어 세상도 우리가 그렇게 살기를 원하고 있다. 비록 전에 없이 힘든 상황이지만, 우리는 반드시 그렇게 살아야 한다.

"목사들은 트라우마에 시달리고 있다." 브룩의 이 말은 바나 리서치가 발표한 통계들을 토대로 한 것이다. 예를 들어, 최근 바나 리서치는 목사들의 38퍼센트가 목회를 그만두고 다른 일을 하는 것에 대해 고민한 적이 있다는 조사 결과를 발표했다.[3] 나는 이 자료를 보고서 실제 숫자는 더 높을 것이라고 생각했다. 많은 목사에게 지난 몇 년은 특히 더 힘든 시기였다. 그들은 펜데믹과 인종 분쟁, 정치적 불안, 지역적 문제를 헤쳐 나가야 했다. 오늘날의 문화 속에서 리더가 되는 것은 전에 없이 힘들어 보인다. 하지만 신약을 보면 예수님께 파송받을 때 제자들도 힘든 상황에 직면해야 했다. 물론 이 사실을 안다고 해서 우리의 문제가 줄어들지는 않는다. 하지만 성경을 보면 하나님이 우리가 겪는 시련을 분명히 알고 계시며, 우리를 한 번도 버리신 적이 없다는 사실을 기억할 수 있다.

우리가 이 상황을 잘 헤쳐 나가려면 그 방법을 아시는 지극히 높으신 분과 관계를 맺어야 한다. 또한 역대상

---

3 "38% of US Pastors Have Thought about Quitting Full-Time Ministry in the Past Year," Barna, 2021년 11월 16일, https://www.barna.com/research/pastors-well-being/.

12장 32절에 나오는 잇사갈 사람들처럼 시대를 이해해야 한다.

하워드는 문화를 사랑했고 그것을 온전히 즐겼다. 우리도 이 어려운 사명에서 열매를 맺으려면 문화를 사랑하는 법을 배워야 한다. 브룩은 이렇게 말했다. "많은 그리스도의 제자는 자신의 일상을 바꾸어야 했다. 이제 그들은 교회가 어떤 변화를 단행해야 하는지 묻고 있다."

"밀레니얼 세대는 믿음을 삶으로 보여줌으로써 전한다." 브룩은 그렇게 지적했다. 따라서 제트(z) 세대를 포함해서 우리가 섬기고 있는 문화를 알아야 한다. 우리가 다양성이 매우 커진 문화 속에서 살고 있으며, 이 문화는 평등과 사회적 이슈 같은 문제들을 과거 세대와 다르게 본다는 사실을 아는 것이 중요하다. 일을 하지 않으려는 사람들이 전에 없이 많아졌다는 사실도 알아야 한다. 제트 세대 중 일부는 '조용한 퇴직quiet quitting'을 선택하고 있다. 이는 그들이 자신들의 직장을 진지하게 받아들이지 않는다는 뜻이다.[4]

---

4 린제이 엘리스(Lindsay Ellis)와 안젤라 양(Angela Yang), "동료가 조용히 그만두는 경우의 의미(If Your Co-Workers 'Quiet Quitting,' Here's What That Means)", 월스트리트 저널, 2022년 8월 12일, https://www.wsj.com/articles/if-your-gen-z-co-workers-are-quiet-quitting-heres-what-that-means-11660260608.

(4) 자신의 환경을 이해하라

하나님이 당신을 두신 세대와 문화를 알기 위해 깊이 탐구하라. 브룩은 이렇게 말했다. "우리 자신에게 이렇게 물어야 한다. 우리는 중요한 것들을 위해 시간을 내고 있는가?" 그 중요한 것들은 하나님께 중요한 것들이어야 한다. 즉, 하나님의 백성이 중요하다. 우리는 그들을 중요하게 여기고 그들을 알려고 노력해야 한다.

많은 사람이 제도를 통해 소명을 추구하고 있다. 그런데 이것은 축복인 동시에 저주일 수 있다. 요즘 문화는 제도를 불신하기 때문이다. 브룩은 바나 리서치의 광범위한 조사를 토대로 이 현실을 지적했다. "가르침에 대한 저항이 심하며, 규모가 커지면 불신이 생긴다."

이러한 문화에서는 '클수록 좋다'라는 접근법을 채택하지 않는 편이 현명할 수 있다. 이러한 문화 속에서 우리의 소명을 추구하려면 우리가 지금까지 배워온 전제, 즉 규모가 크거나 이름이 널리 알려질수록 성공적이라는 전제를 버려야 할지도 모른다. 신학교 시절에 교회가 클수록 제대로 하고 있는 것이라고 배웠던 기억이 난다. 하지만 소명을 위해서라면 대중적으로 이름이 알려지지 않아도 괜찮겠는가? 크든 작든 하나님이 주신 소명에 만족할 수 있겠는가? 브룩은 이렇게 말했다. "사람들은 이렇게 묻고 있다. 내게 적합한가? 일부 사람에게는 규모를 줄이고 친밀감을 높이는 것이 적합할 수 있다."

우리가 따져봐야 할 또 다른 요인은 최근 내 친구 윌리엄 벤더블로멘에게서 들은 것이다. 그는 지역사회를 알아야 한다고 말했다. "목사들은 자신의 지역을 알고 자신의 동네와 지역사회를 섬겨야 한다." 리더로서의 소명을 감당하려면 지역 사회의 배경에 맞게 복음을 전할 수 있어야 한다. 하나님의 진리를 실천을 통해 전하는 동시에, 자신의 지역에서 사람들을 제자로 삼기 위해 복음의 메시지를 그 지역에 맞게 적용해야 한다. 우리는 친밀함을 원하는 세상에서 복음을 전할 방법을 찾는 동시에, 메타버스 세계에 참여하기 위해서 세상을 넓게 볼 수도 있어야 한다. 우리 자신의 문화적인 기준과 신념이 주변 문화를 피하기 위한 구실이 되어서는 안 된다.

내가 가장 귀를 기울이는 사람 중에 리더십 전문가이자 저자인 캐리 뉴워프Carey Nieuwhof가 있다.

> 저는 (코로나로 인해) 교인들의 습관이 많이 무너졌다고 생각합니다. 우리는 가치 있게 여기는 것들을 중심으로 습관을 바꿉니다. 그런데 교회의 방식을 가치 있게 여기지 않는 그리스도인이 많습니다. 그들이 모두 신앙을 버리고 있는 것은 아닙니다. 단지 그들 중 많은 사람이 "교회가 정말로 필요한지 잘

모르겠다"라고 말합니다. 목회자들은 이런 경향을 심각하게 받아들여야 합니다. 나아가, 대중 담론을 보면 지난 10년 사이에 급격한 변화를 겪은 것을 볼 수 있습니다.[5]

(5) 정치를 초월하라

정치적, 사회적 문제를 피하려는 것은 충분히 이해가 간다. 하지만 하나님의 백성은 이런 문제를 올바로 다루라는 그분의 부름을 따라야 한다. 안타깝게도 미디어를 통해 정치적 입장을 형성하는 리더가 너무도 많다. 나는 두 명의 미국 전 대통령과 두 명의 전 부통령을 인터뷰하는 특권을 누렸다. 그 결과 깨달은 사실 하나는 우리 그리스도인이 세상에 참여하되 세상에 속하지는 말아야 한다는 것이다(예를 들어, 요 17:14-26). 온 세상이 극심하게 분열되고 있는 지금, 우리는 정치적 입장보다 복음에 따라 사는 법을 배워야 한다.

하워드에 관해 조사하기 시작하면서 매우 흥미로웠던 사실 중 하나는 그에게서 어떤 정치적 입장도 발견할 수 없었다는 것이다. 우리는 정치적 입장이 아닌 성경의 원칙을 따라 나아가야 한다. 캐리는 문제를 정확히 지적

---

5 캐리 뉴워프, 2021년 12월 7일, 저자와 줌으로 나눈 대화.

하고 있다. "제트 세대, 나아가 새로운 알파(α) 세대도 인터넷을 교사로 삼고 있는 세대라는 점을 알아야 한다. 그렇다면 다음 세대에 어떻게 관계적으로 영향을 미칠 수 있을까?" 우리는 어떻게 해야 미래 세대와 관계를 맺고 그들에게 영향을 미칠 수 있을지 고민해야 한다. 하워드는 자신이 이끌고 멘토링하는 세대들을 위해 이런 질문을 던졌을 뿐 아니라 답을 내놓았다. 그는 다음 세대에게 다가가는 법을 알았다.

⑹ 사명에 집중하라

"이전과는 상황이 다릅니다." 페이스풀 센트럴 바이블 교회Faithful Central Bible Church의 목사인 케네스 울머Kenneth Ulmer 주교도 이렇게 말했다.[6] 오늘날 많은 리더는 '파자마 문화'를 헤쳐 나가야 하는 과제를 안고 있다. 파자마 문화는 사람들이 온라인 예배에 익숙해진 문화다. 케네스는 오늘날의 리더들이 자신들이 이끄는 사람들의 취향에 맞춰주려고 하는 모습에 깊은 우려를 표시한다.

"우리는 시청자가 아닌 제자로 부름받았습니다." 케네스는 그렇게 말하면서 우리가 사람들을 잘 이끌려면 그들을 제자의 삶으로 이끄는 것이 우리의 소명임을 기

---

6 케네스 울머, 2021년 11월 19일, 저자와 전화로 나눈 대화.

억해야 한다고 강조했다. "현재 우리 문화는 사람들을 제자의 삶으로 이끌고 있지 않습니다." 케네스는 그렇게 경고하면서 리더들이 문화를 변화시키는 데 앞장서야 한다고 촉구한다.

하워드 헨드릭스라면 현재의 그리스도인들을 보며 텔레비전이나 핸드폰 화면을 떠나 함께 예배하는 자리로 돌아오라고 촉구할 것이 분명하다. 케네스 주교는 이렇게 말했다. "원래는 이렇지 않았습니다. 지금 우리는 광야를 통과하는 중입니다." 여기서 핵심은 '통과하는'이다. 우리가 리더로서 다루고 있는 많은 문제는 미루거나 무의미한 논쟁으로 시간과 노력을 허비하는 것이 아니라 그 문제의 한복판을 정면으로 통과하며 해결해야 한다. 리더와 멘토로서 우리의 목표는 우리가 이끄는 조직이 매력적으로 보이도록 만드는 것이어서는 안 된다. 우리는 사명에 집중하여 문화를 구속하기 위한 목적으로 문화 속으로 들어가야 한다. 케네스 주교는 이렇게 덧붙였다. "저는 미래에는 모든 교회가 선교적이어야 한다고 생각합니다. 파벌을 만들어서는 안 되겠지만, 선교의 사명에 초점을 맞추지 않으면 문제를 해결할 수 없습니다."

(7) 원수에 맞서 싸우라

지상대명령은 하나님이 우리에게 주신 능력에 관한

약속을 상기시켜준다. 자신에게 이 능력이 있다는 사실을 잊어버린 리더가 많다. 그 옛날 제자들도 그랬다. 그들은 예수님을 직접 봤으면서도 의심을 품었다. 예수님과 그분의 능력을 의심하면 우리 주변의 문제를 해결할 능력뿐 아니라 사람들을 제자로 삼는 능력도 제한된다. 리더가 능력에 관한 확신이 없어서 우물쭈물하고 머뭇거리면 사람들이 잘 따를 리가 없다. 우리는 하나님께 권세를 받았다. 하나님이 주신 이 권세를 사용하지 않으면 그분의 역사를 경험할 수 없다.

콘웨이 에드워즈Conway Edwards는 하워드의 지도를 받으며 리더십을 갖추었고, 현재는 댈러스에서 가장 빠른 속도로 성장하고 있는 교회 중 한 곳인 원 커뮤니티 교회 One Community Church의 목사로 사역하고 있다. 그와 그의 아내는 『사랑이 보일 때When Love's in View』를 공동으로 집필했다. 코웨이를 만났을 때 그가 하워드에게서 배운 엄청난 양의 정보와 실용적인 지식에 깊은 인상을 받았다. 하지만 가장 놀란 것은 설교 준비에 관해 그가 털어놓은 이야기였다. 그는 설교를 준비할 때마다 어떤 영역에서 원수가 승리하고 있는 것처럼 보이는지를 파악하고 거기에 어떻게 진리를 적용할지 고민한다. 그래서 교인들에게 원수에게 굴복할 필요가 없다는 점을 보여준다. 이 말이 나의 시각을 송두리째 바꿔놓았다. 우리는 원수가 완전히 통제하고 있는 것처럼 보이는 문제들에 진리를 적용해야 한다. 그렇게 하는 것은 곧 하나님을 믿는다는 뜻이며, 그럴 때 우리를 통해 그분의 능력이 크게 나타난다.

⑻ 성령의 능력에 의지하라

성령 없이 우리가 할 수 있는 일은 아무것도 없다. 이는 당신이 이미 알고 있는 사실이겠지만, 여기서 다시 한 번 마음에 새기기를 바란다. 하워드가 이런 위대한 인물이 될 수 있었던 것은 성령이 그의 삶에 영향을 미치셨기 때문이다. 콘웨이 에드워즈의 이야기로 돌아가서, 그가 습관처럼 자주 드리고 있다는 한 기도를 내게 알려주었다. 그는 한 질문에 대답하던 중 이렇게 말했다. "제게 기름을 부어달라고 하나님께 진심으로 요청합니다."[7] 나는 이 책을 쓰기 위해 자리에 앉을 때마다 다른 기도와 함께 이 기도를 드렸다. 이 일을 해내려면 성령의 능력과 기름 부으심이 반드시 필요했다. 마찬가지로, 당신도 뭐든 하나님이 부르신 일을 하려면 성령의 능력이 필요하다. 하워드는 성령만이 주실 수 있는 은사들을 지니고 있었다. 그리고 그는 그 은사들을 사용했다. 그의 인생 배경을 보면 성령이 그를 뛰어난 리더로 이끌어주셨음을 분

---

7 콘웨이 에드워즈, 2021년 9월 2일, 저자와 줌으로 나눈 대화.

명히 알 수 있다. 우리도 성령의 능력으로 하나님이 부르
신 일을 해낼 수 있다.

콘웨이는 이렇게 말했다. "반복적으로 하는 것이 곧 삶
이 됩니다. 운명은 미스터리가 아닙니다. 운명은 매일의 습
관이 쌓여서 이루어지는 것입니다. 우리를 세워주는 습관
은 계속해서 키우고 우리를 무너뜨리는 습관은 끊어야 합
니다." 전적으로 동감한다. 성령은 당신에게 하나님의 소명
을 이루는 데 필요한 능력뿐 아니라 도구를 주셨다. 뛰어
난 리더가 되기 위해 성령이 주신 능력을 사용하겠는가?

마무리를 잘하라

지금까지 당신과 함께한 여행은 정말 즐거웠다. 그런
데 벌써 종착역에 이르렀다니 믿기지 않는다. 당신도 나
만큼이나 이 여행이 즐거웠기를 바란다.

진은 하워드 헨드릭스가 가르치는 일에서 은퇴하는
것을 크게 힘들어했다고 말했다. 하긴, 무려 60년 동안
교편을 잡았으니까 말이다! 하지만 진에 따르면 "남편은
조용히 떠났습니다. 남편의 일은 완성되었습니다. 남편은
자신의 일을 마쳤다는 것을 알았던 것 같습니다." 하워
드의 삶과 영향력은 하나님이 그분의 영광을 위해 헌신

한 사람을 어떻게 사용하시는지를 잘 보여준다. 하워드
는 하나님이 주신 일과 사람들에게 온전히 헌신했다. 그
는 그 일에 평생을 바쳐 충성을 다했다. 그래서 그 일을
끝까지 잘 마무리했다.

기쁨으로 나아가라

하워드 헨드릭스가 댈러스 신학교 교수 승인 과정에
참여했던 마지막 리더인 데럴 L. 보크Darrell L. Bock 박사는
이렇게 말했다. "주변에서 벌어지고 있는 일을 이해하지
못한 채 다른 사람들을 이끄는 것은 매우 힘든 일이다."
하워드는 주변에 무슨 일이 일어나고 있는지와 무엇
이 위험에 처해 있는지를 둘 다 분명히 알았다. 그가 다
른 사람들을 잘 이끌지 못하는 것은 있을 수 없는 일이
었다. 우리도 그래야 한다. 우리 문화는 다른 사람들을
잘 이끌고 제자로 삼아 자신의 삶보다 더 오래 가는 뿌
리를 내릴 수 있는 리더들을 절실히 필요로 한다. 바로
이것이 하워드가 한 일이다. 이제 그는 이 경주의 배턴을
당신에게 넘기고 있다. 이제 당신 차례다. 하워드는 자신
의 경주를 잘 마쳤다. 이제 우리가 우리의 경주를 잘 마
쳐야 할 차례다. 그래서 이 여행의 마지막 부분을 당신에

게 넘기고 싶다. 당신이 어떤 리더로 알려지고 어떤 유산을 남기고 싶은지 깊이 고민하는 시간을 갖기를 바란다. 세상이 당신을 기다리고 있다!

당신은 어떤 리더로 알려지고 싶은가?
어떻게 해야 다른 사람들을 잘 가르치고 멘토링해서
그들을 제자로 삼을 수 있을까?

작년에 나는 많은 사람에게 이 책의 집필을 위한 기도를 부탁했다. 최근 그들 중 한 명이 나를 찾아와 이렇게 물었다. "하워드 헨드릭스의 삶을 한마디로 정의한다면 어떻게 정의하시겠습니까?" 그때 한마디로 생각나지 않았지만, 대신 하워드의 삶을 지상대명령을 받은 삶으로 정의할 수 있다고 대답했다. 다른 사람을 제자로 삼는 것, 그것이 바로 하워드가 일생을 바친 일이다. 그 이상도 이하도 아니다.

감사의 말

책을 쓰려면 팀이 필요하다는 말이 있다. 겪어 보니 실제로 그렇다. 그룹 프로젝트에 참여해서 가장 적은 기여를 했는데 좋은 점수를 받은 사람이 된 것 같은 기분이다. 이 프로젝트는 딸과 수영장에 가던 길에 내 삶 속으로 찾아왔다. 진 게츠에게 갑자기 전화가 와서 받아 보니 그는 내가 하워드 헨드릭스의 삶에 관한 책을 써야 한다고 강권했다.

내 삶 속의 두 여인, 즉 내 아내 티파니와 딸 지안은 처음부터 나의 가장 열렬한 치어리더들이었다. 두 사람은 내가 이 프로젝트를 꼭 맡아야 한다고 주장했다. 결과적으로 두 사람에게 깊이 감사한다. 지안이 이 책을 통해 하나님을 가장 우선시하면 불가능한 것은 절대 없다는 사실을 깨닫기를 바란다. 지안 한 사람만 이 책을 읽는다 해도 내 노력은 헛되지 않다.

진 헨드릭스 여사가 아니었다면 당신이 손에 들고 있는 이 책의 분량은 절반으로 줄어들었을 것이다. 진 여사가 내게 들려준 하워드에 관한 수많은 이야기를 잊을 수 없다. 여사를 향한 감사의 마음은 말로 다 표현할 수 없다.

다시 말하지만, 책 한 권이 세상의 빛을 보려면 팀이 필요하다. 그런 의미에서 이 책의 편집자들인 드류 딕 Drew Dyck과 케빈 프리먼Kevin Freeman과 짐 젠크스Jim Jenks에게 감사드린다. 드류는 이 프로젝트와 시작부터 완성까지 나와 함께해주었고, 케빈은 조사와 편집을 동시에 감당해주었으며, 짐은 이 책에서 사람들의 이야기를 서로 연결하도록 도와주었다. 좋은 프로젝트는 다 그렇듯 항상 마무리가 중요하다. 팸 퓨Pam Pugh가 이 책의 마무리를 담당해주었다. 그녀의 편집 작업 덕분에 이 책은 훨씬 더 읽기 쉽고 흥미로워졌다.

나의 어머니와 가까운 친구들을 비롯해서 내가 포기하려고 할 때마다 응원해준 사람들이 셀 수 없이 많았다. 그들 모두에게 감사한다. 그들이 아니었다면 학창 시절에 ADHD로 학습 장애를 겪었던 내가 이 일을 해낼 가능성은 전혀 없다고 말해도 과언이 아니다. 그들을 향한 고마움을 이루 다 표현할 수 없다.